中華古籍保護計劃

ZHONG HUA GU JI BAO HU JI HUA CHENG GUO

·成果·

U0874682

（漢）鄭玄 注
（唐）賈公彦 疏

宋本周禮疏

第一册

國家圖書館出版社

圖書在版編目(CIP)數據

宋本周禮疏:全十二册 / (漢)鄭玄注,(唐)賈公彦疏.-- 北京:國家圖書館出版社,2019.4

(國學基本典籍叢刊)

ISBN 978 -7 -5013 -6683 -5

Ⅰ.①宋… Ⅱ.①鄭… ②賈… Ⅲ.①禮儀—中國—周代 ②《周禮》—注釋 Ⅳ.①K224.06

中國版本圖書館 CIP 數據核字(2019)第 050836 號

書　　名　宋本周禮疏(全十二册)

著　　者　(漢)鄭玄 注　(唐)賈公彦 疏

責任編輯　南江濤

封面設計　徐新狀

出　　版　國家圖書館出版社(100034　北京市西城區文津街 7 號)
(原書目文獻出版社　北京圖書館出版社)

發　　行　010 -66114536　66126153　66151313　66175620
66121706(傳真)　66126156(門市部)

E - mail　nlcpress@ nlc. cn(郵購)

Website　www. nlcpress. com→投稿中心

經　　銷　新華書店

印　　裝　北京市通州興龍印刷廠

版　　次　2019 年 4 月第 1 版　2019 年 4 月第 1 次印刷

開　　本　880×1230(毫米)　1/32

印　　張　78

書　　號　ISBN 978 -7 -5013 -6683 -5

定　　價　240.00 圓

《國學基本典籍叢刊》編委會

學術顧問：杜澤遜

主　　編：韓永進

副 主 編：張志清

委　　員：賈貴榮　陳紅彦　王雁行　張　潔　黄顯功　劉乃英

《國學基本典籍叢刊》前言

國家圖書館出版社（原書目文獻出版社 北京圖書館出版社）成立三十多年來，出版了大量的中國傳統文化典籍。由於這些典籍的出版往往采用叢書的方式或綫裝形式，供公共圖書館和大學圖書館典藏使用，普通讀者因價格較高、部頭較大，不易購買使用。爲弘揚優秀傳統文化，滿足廣大普通讀者的需求，現將經、史、子、集各部的常用典籍，選擇善本，分輯陸續出版單行本。每書之前均加簡要説明，必要者加編目録和索引，總名《國學基本典籍叢刊》。歡迎讀者提出寶貴意見和建議，以使這項工作逐步完善。

編委會

二〇一六年四月

序　言

《周禮疏》五十卷，漢鄭玄注，唐賈公彦疏，宋兩浙東路茶鹽司刻宋元明遞修本，據國家圖書館藏本影印。

《周禮》爲儒家經典『十三經』之一，其撰者與成書年代歷來衆説紛紜。目前多認爲其撰作在戰國時期，而採取西周、春秋時期制度資料，參考現實政治制度，並融入了作者的政治理想。全書分爲天官、地官、春官、夏官、秋官、冬官六篇，六官分掌邦治、邦教、邦禮、邦政、邦刑、邦事；每官下設若干職官，皆先敘官名、爵等、員數，再分述各自職掌，構建出一個龐大精密的官制體系。《周禮》對我國古代政治制度影響深遠，古代官制中的吏、户、禮、兵、刑、工六部，即脱胎於《周禮》六官。其中『冬官』一篇在漢代已不存，以記述百工製作工藝的《考工記》補入。

《周禮》爲古文經，其發現時間較晚。《漢書・景十三王傳》載河間獻王得『古文先秦舊書』有《周官》，至王莽時劉歆奏置博士，此後治《周禮》者漸衆，著名的有鄭興、鄭衆父子、賈逵、馬融等。東漢鄭玄總諸家之説，爲《周禮》作注，成爲後人研習《周禮》的經典注本。鄭玄字康成，高密（今屬山東）人，從學於馬融。其學問兼取今古，博採衆長，爲漢代集大成的經學家。他曾遍注群經，其中《毛詩箋》《周禮注》《儀禮注》《禮記注》完整流傳下來。至唐代，賈公彦在前人舊疏基礎上，對《周禮》經文與鄭玄注文又進行全面疏解，成《周禮疏》五十卷。賈公彦爲洺州永年（今屬河北）人，高宗永徽間官太學博士，他曾參與孔穎達主持的《禮記正義》修撰工作，又獨自撰著《周禮疏》《儀禮疏》，此三部義疏皆成爲後世通行《十三經注疏》的組成内容。

賈公彦撰作《周禮疏》的體例與其他唐宋義疏相似，並不舉出經、注原文，而是僅出經文、注文起訖若干字，下以『釋曰』起始，對本句經文或注文作疏解，此即後人所謂『單疏本』。南宋以前經注與義疏各爲一書，讀者研讀經注或閱讀義疏，需持經注本與單疏本兩相對照，頗爲不便。南宋紹興時遂有兩浙東路茶鹽司合刻注疏之舉，成爲我國最早的注疏合刻本。當時所刻包括《周易》《尚書》《周禮》三經，此後又續有他經編刻，皆半葉八行，世稱『八行本』。單疏本和八行本後世皆不顯，今單疏本《周禮疏》僅日本京都大學藏有一部殘抄本，八行本《周禮疏》亦僅寥寥數部傳本存世。元明以來通行的《十三經注疏》文本，皆源自南宋建陽地區書坊編刻的一套附有音義的注疏合刻本，世稱『十行本』。十行本《周禮注疏》分卷爲四十二卷，已非賈疏五十卷舊次，注疏綴合中多有牽合變亂。又因源出坊刻，文本質量本就不高，歷次翻刻中更多譌誤妄改。即使經衆多學者校勘而成的清阮元《十三經注疏》本，由於以十行本爲底本，其體例與文字上的先天不足亦難避免。

本次影印的宋兩浙東路茶鹽司刻本《周禮疏》，即編刻於南宋紹興中的八行注疏合刻本之一，是最早將經文、鄭注、賈疏有機組合而成的《周禮》注疏版本。此本卷次、題名皆沿單疏本舊式，其經、注、疏綴合形式大體是『經文—經文之疏—注文—注文之疏』的次序，其中經文大字，下以雙行小字接經文之疏，再以大字『注』標識，接小字注文，注文下空一格接注文之疏。根據李霖的研究，八行本《周禮疏》的這種綴合形式，乃順應賈疏原本體例，以單疏原貌爲基礎，以經注全文替換單疏出文而成。這樣不僅較好地保存了單疏本舊式，其綴合方式也更貼近賈疏原義〔二〕。

關於八行本《周禮疏》的獨特價值，近人张允亮曾指出：

越本注疏之可貴，在一循單疏次第，未加移易，故鮮舛誤。即如此本『天官冢宰』疏後大書『鄭氏注』，即綴釋此三字之疏文。至十行本移『鄭氏注』三字於後，而以此疏聯於上節，讀者幾不知其所指矣。文中如《天官冢宰》『以爲民極』疏『百人無主不散則亂』，自十行本誤爲『一日人無主』，殿本遂改爲『人一日無主』。『九嬪』疏『故云坐而論婦禮無官職』，十行本脱『婦』字，阮氏校刊記遂疑注中『婦』字爲衍文。『女御』疏十行本譌奪

〔二〕 李霖：《宋本群經義疏的編校與刊印》，中華書局二〇一九年版，第二五一頁。

尤多，致難索解，賴有此本得以是正。其餘佳處不可勝舉，略著一二以見大凡〔一〕。

八行本《周禮疏》用以綴合的經注與義疏，其文本源自北宋國子監刻經注本與單疏本，無俗本牽合變亂之弊；又以一地官府之力編校刊刻，不惜成本，其校勘精良、文字優勝，遠非十行本及後世諸本可比。清阮元《周禮注疏校勘記》曾利用『惠校本』，糾正十行本及閩、監、毛本大量譌誤，此『惠校本』主要體現的即八行本異文。但阮元所據僅爲輾轉傳校之本，未能親見原本，故多失校及誤校〔二〕。今日研讀《周禮》鄭注賈疏，八行本《周禮疏》實具有無可取代的價值。

宋兩浙東路茶鹽司刻《周禮疏》今存主要有三部傳本，除國圖藏此本外，臺北『故宫博物院』藏一部全本，北京大學圖書館藏一部殘二十七卷本。其中北大殘二十七卷本印刷時間最早，僅有少量宋代中期補版；臺北『故宫博物院』本印刷時間最晚，經宋、元、明三代遞修。本次影印所據國圖藏本，前人多著録爲『宋元遞修本』，我們通過版刻分析並與北大本、臺北『故宫博物院』本比對，認爲此本主體部分的補版情況與臺北『故宫博物院』本相當（卷十八、二十一、二十二除外），同樣亦經過宋、元、明三代遞修。其中有明顯的明代補版葉，如卷二首葉、卷三首葉等，皆與臺北『故宫

〔一〕 張允亮：《故宫善本書志》，《圖書館學季刊》第四卷第三—四期合刊，一九三〇年十二月。

〔二〕 昌彼得：《跋宋浙東茶鹽司本〈周禮注疏〉》據臺北『故宫博物院』藏八行本，指出阮刻本譌誤及《校勘記》失校誤校處。《增訂蟫庵群書題識》，臺灣商務印書館一九九七年版。

博物院』本一致，故可稱爲『宋元明遞修本』。國圖本印刷時間或稍早於臺北『故宫博物院』本，兩本未見明顯文字差異；與北大藏殘二十七卷本相比，則存在相當的版刻與文字差異。北大本更多保存了宋刻原版，文字較優；國圖本有修正北大本譌誤之處，也有誤改及新增譌誤。特别是補版葉及原版葉上下四角的局部補刻處，往往有手民之誤〔二〕。讀者閲讀中如有疑問，可參考北大藏殘二十七卷本（有民國間董康影印本）、京都大學藏單疏殘抄本（有網絡全文圖像）以及阮元《十三經注疏》本〔三〕，從中探尋賈疏文字之真。

此本原爲清怡府藏書，見録於新發現的怡府書目《影堂陳設書目録》〔三〕，卷前『安樂堂藏書記』鈐印可證。朱氏結一廬多得怡府舊藏，此蓋其一。《結一廬書目》稱此本爲『明晉府藏書』，蓋據此本卷十八、二十一、二十二所鈐『晉府書畫之印』『敬德堂圖書記』而言。按此本全三十册，各

〔一〕　關於《周禮疏》原、補版的版刻特點與文字差異，參見筆者《八行本〈周禮疏〉不同印本的文字差異》，載《圖書館雜誌》二〇一七年第八期。

〔二〕　北京大學藏八行本《周禮疏》存卷一至二、十三至十四、二十七至四十七、四十九至五十，共二十七卷；京都大學藏單疏抄本《周禮疏》存卷一至三、七至八、十二至十四、十八至四十，共三十一卷。

〔三〕　參見侯印國《清怡親王府藏書考論——以新發現的〈影堂陳設書目録〉爲中心》，《臺大文史哲學報》第八十期，二〇一四年五月。

册首末分鈐朱氏『結一廬藏書印』『子清真賞』印，惟卷十八、二十一、二十二所在的第十六册、十八册、十九册鈐印特殊，除朱氏二印外，另鈐有『君子堂圖書記』『沈彦忠章』『晉府書畫之印』『敬德堂圖書記』等多方藏印。又全書惟此三卷有通篇朱筆點讀，紙張亦與他卷有異。從補版情況看，全書他卷皆經宋元明三代遞修，與臺北『故宫博物院』本一致；惟此三卷未經明代補版，與臺北『故宫博物院』本不同（如卷二十二第七葉、十七葉，臺北『故宫博物院』本爲明代補版，此本尚保存宋刻原版）。今臺北傅斯年圖書館藏八行本《周禮疏》殘葉一册，亦鈐『君子堂圖書記』『晉府書畫之印』等，通篇朱文點讀〔二〕，與此本卷十八、二十一、二十二特徵吻合。我們推測，此三卷與傅斯年圖書館藏殘葉源出一本，其配補入全書的時間當在結一廬之前，此三卷確可稱爲『宋元遞修本』。

張麗娟

二〇一九年一月

〔二〕《傅斯年圖書館善本書志·經部》，臺灣『中央研究院』歷史語言研究所二〇一三年版，第一〇一頁。

總目録

第一册

第二册

卷五

卷六

第三册

卷七

第四册

第五册

卷十七

第六册

第七册

第八册

第九册

第一〇册

第一一册

第一二册

第一册目録

據國家圖書館藏宋兩浙東路茶鹽司刻宋元遞修本影印原書版框高二十點六厘米寬十六點一厘米

周禮疏卷第一

唐朝散大夫行太學博士弘文館學士臣賈公彦等撰

夫天育蒸民無主則亂立君治亂事資賢輔但天皇地皇之日無事安民降自燧皇方有臣矣是以易通卦驗云天地成立君臣道生君有五期輔有三名注云三名公卿大夫又云燧皇始出握機矩表計宜其刻曰蒼牙通靈昌之成孔演命明道經注云拒燧皇謂人皇在伏羲前風姓始王天下者斗機云所謂人皇九頭兄弟九人別長九州者也是政教君臣起自人皇之世至伏羲因之故文耀鉤云伏羲作易名官者也又案論語撰考云黃帝受地形象天文以制官伏羲已前雖有三名未必具立官位至黃帝名位乃具是以春秋緯命曆序云有九頭紀時有臣無官位尊

卑之别燧皇伏羲既有官則其間九皇六十四民有官明
矣但無文字以知其官號也案左傳昭十七年云秋郯子
來朝公與之宴昭子問焉曰少皞氏鳥名官何故也杜氏
注云少皞金天氏黄帝之子己姓之祖也郯子曰吾祖也我
知之昔者黄帝氏以雲紀故爲雲師而雲名注云黄帝
軒轅氏姬姓之祖也黄帝受命有雲瑞故以雲紀事百
官師長皆以雲爲名號縉雲氏蓋其一官也炎帝氏以
火紀故爲火師而火名注云炎帝神農氏姜姓之祖也
亦有火瑞以火紀事名百官也共工氏以水紀故爲水師而
水名注云共工以諸侯霸有九州者在神農前大皞後亦
受水瑞以水名官也大皞氏以龍紀故爲龍師而龍名注
云大皞伏羲氏風姓之祖也有龍瑞故以龍命官也我高

祖少皡摯之立也鳳鳥適至故紀於鳥爲鳥師而鳥名
又云鳳鳥氏歷正之類又以五鳥五鳩九扈五雉並爲官
長亦皆有屬官但無文以言之若然則自上以來所云
官者皆是官長故皆云師以目之又云自顓頊以來不能
紀遠乃紀於近是以少皡以前天下之號象其德百官
之號象其徵顓頊以來天下之號因其地百官之號因其
事事即司徒司馬之類是也若然前少皡氏言祝鳩氏爲
司徒者本名祝鳩言司徒者以後代官況之自少皡以上
官數略如上說顓頊及堯官數雖無明說可略而言之
矣案昭二十九年魏獻子曰社稷五祀誰氏之五官蔡墨
對曰少皡氏有四叔曰重曰該曰脩曰熙實能金木及水
使重爲句芒該爲蓐收脩及熙爲玄冥世不失職遂

濟窮桑此其三祀也注云窮桑帝少皞之號也顓頊
氏有子曰犂爲祝融共工氏有子曰句龍爲后土此其二
祀也后土爲社稷田正也有烈山氏之子曰柱爲稷自夏
以上祀之周棄亦爲稷自商以來祀之故外傳犂爲高
辛氏之火正此皆顓頊時之官也案鄭語云重犂爲
高辛氏火正故堯典注高辛氏之世命重爲南正司天
犂爲火正司地以高辛與顓頊相繼無隔故重犂事顓
頊又事高辛若稷契與禹事堯又事舜是以昭十七
年服注顓頊之下云春官爲木正夏官爲火正秋官爲
金正冬官爲水正中官爲土正高辛氏因之故傳云遂濟
窮桑窮桑顓頊所居是度顓頊至高辛也若然高
辛時之官唯有重犂及春之木正之等不見更有餘官

也至於堯舜官號稍改楚語云堯復育重黎之後重
黎之後即羲和也是以堯典云乃命羲和注云高辛之
世命重爲南正司天黎爲火正司地堯育重黎之後
羲氏和氏之子賢者使掌舊職天地之官亦紀於近命
以民事其時官名蓋曰稷司徒是天官稷也地官司徒
也又云分命羲仲申命羲叔分命和仲申命和叔使
分主四方注仲叔亦羲和之子堯既分陰陽四時又命
四子爲之官掌四時者字曰仲叔則掌天地者其曰伯乎
是有六官案下驩兜曰共工注共工水官也至下舜求百
揆禹讓稷契暨咎繇帝曰棄黎民阻饑汝后稷播
時百穀注稷棄也初堯天官爲稷又云帝曰契百姓不
親汝作司徒又云帝曰咎繇汝作士此三官是堯時事

舜因禹讓述其前功下文云舜命伯夷爲秩宗舜時
官也以先後參之唯無夏官之名以餘官約之夏傳云
司馬在前又後代況之則羲叔爲夏官是司馬也故分
命仲叔注云官名蓋春爲秩宗夏爲司馬秋爲士冬
爲共工通稷與司徒是六官之名見也鄭玄云分陰陽爲
四時者非謂時無四時官始分陰陽爲四時但分高辛
時重黎之天地官使兼主四時耳而云仲叔故云掌天
地者其曰伯乎若然堯典云伯禹作司空四時官不數
之者鄭云初堯冬官爲共工舜禹治水堯知其有聖德
必成功故改命司空以官名寵異之非常官也至禹登
百揆之任捨司空之職爲共工與虞故曰垂作共工益
作朕虞是也案堯典又云帝曰疇咨若時登庸鄭

注云堯末時羲和之子皆死庶績多闕而官廢當此
之時驩兜共工更相薦舉下文云帝曰四岳湯湯洪水
有能俾乂鄭云四岳四時之官主四岳之事始羲和之
時主四岳者謂之四伯至其死分岳事置八伯皆王官
其八伯唯驩兜共工放齊鯀四人而已其餘四人無文可
知案周官云唐虞稽古建官惟百內有百揆四岳則四岳
之外更有百揆之官者但堯初天官爲稷至堯試舜
天官之任謂之百揆舜即眞之後命禹爲之即天官也案
尚書傳云惟元祀巡狩四岳八伯注云舜格文祖之年堯始
以羲和爲六卿春夏秋冬者并掌方岳之事是爲四
岳出則爲伯其後稍死驩兜共工求代乃置八伯元
祀者除堯喪舜即眞之年九州言八伯者據畿外

八州鄭云畿內不置伯鄉遂之吏主之案明堂位云有
虞氏官五十夏后氏官百殷二百周三百鄭注云有虞
氏官蓋六十夏百二十殷二百四十周三百六十不得如此
記也昬義云三公九卿二十七大夫八十一元士鄭云蓋夏制
依此差限故不從記文但虞官六十唐則未聞堯舜道
同或皆六十并屬官言之則皆有百故成王周官云唐
虞建官惟百也若然自高陽已前官名略言於上至於
帝嚳官號略依高陽不可具悉其唐虞之官惟四岳
百揆與六卿又堯典有典樂納言之職至於餘官未聞
其號夏官百有二十公卿大夫元士具列其數殷官二
百四十雖未具顯案下曲禮云六大五官六府六工之等
鄭皆云殷法至於屬官之號亦蔑云焉案昬義云

三公九卿者六卿并三孤而言也其三公又下兼六卿故書
傳云司徒公司馬公司空公各兼二卿案顧命大保領冢
宰畢公領司馬毛公領司空別有芮伯爲司徒彤伯爲
宗伯衛侯爲司寇則周時三公各兼一卿之職與古異矣
但周監二代郁郁乎文所以象天立官而官益備此即官
號沿革粗而言也

序周禮廢興 周公制禮之日禮教興行後至幽王禮儀
紛亂故孔子云諸侯專行征伐十世希不失鄭注云亦
謂幽王之後也故晉侯趙簡子見儀皆謂之禮孟僖子
又不識其儀也至於孔子更修而定之時已不具故儀禮
注云後世衰微幽厲尤甚禮樂之書稍稍廢棄孔子
曰吾自衛反於魯然後樂正雅頌各得其所謂當時在

者而復重雜亂者也惡能存其亡者乎至孔子卒後
復更散亂故藝文志云昔仲尼沒微言絕七十二弟子喪
而大義乖諸子之書紛然散亂至秦患之乃燔滅文
章以愚黔首又云禮經三百威儀三千及周之衰諸侯將
踰法度惡其周亡滅去其籍自孔子時而不具至秦大
壞漢興高堂生傳士傳十七篇孝宣世后倉最明禮戴
德戴聖慶普皆其弟子三家立于學官案儒林傳漢
興高堂生傳禮十七篇而魯徐生善為容孝文時徐
生以容為禮官大夫而瑕丘蕭奮以禮至淮陽太守孟
卿東海人也事蕭奮以授后倉后倉說禮數萬言號
曰后氏曲臺記授戴德戴聖鄭云五傳弟子則高堂
生蕭奮孟卿后倉戴德戴聖是為五也此所傳者謂

十七篇即儀禮也周官孝武之時始出秘而不傳周禮後出者以其始皇特惡之故也是以馬融傳云秦自孝公已下用商君之法其政酷烈與周官相反故始皇禁挾書特疾惡欲絕滅之搜求焚燒之獨悉是以隱藏百年孝武帝始除挾書之律開獻書之路既出於山巖屋壁復入于秘府五家之儒莫得見焉至孝成皇帝達才通人劉向子歆校理秘書始得列序著于錄略然亡其冬官一篇以考工記足之時衆儒並出共排以爲非是唯歆獨識其年尚幼務在廣覽博觀又多銳精于春秋末年乃知其周公致大平之迹迹具在斯奈遭天下倉卒兵革並起疾疫喪荒弟子死喪徒有里人河南緱氏杜子春尚在永平之初年且九十家于南山能通其讀頗識

其説鄭衆賈逵往受業焉衆逵洪雅博聞又以經書
記轉相證明爲解行於世衆解不行兼攬二家爲備多
所遺闕然衆時所解説近得其實獨以書序言成王
既黜殷還歸在豐作周官則此周官也失之矣逵以六
鄉大夫則冢宰以下及六遂爲十五萬家絚千里之地甚
謬焉此比多多吾甚閔之久矣六鄉之人實居四同地故
云絚千里之地者誤矣又六鄉大夫冢宰以下所非者不著
又云多多者如此解不著者多又云至六十爲武都守郡
小少事乃述平生之志著易尚書詩禮傳皆訖惟念前
業未畢者唯周官年六十有六目瞋意倦自力補之謂之
周官傳世案藝文志云成帝時以書頗散亡使謁者陳
農求遺書于天下詔光禄大夫劉向校書經傳諸子詩

賦向輒條其篇目撮其指意録而奏之會向卒哀帝
復使向子歆卒父業歆於是總羣書奏其七略故有六
藝七略之屬歆之録在於哀帝之時不審馬融何云至
孝成皇帝命劉向子歆考理祕書始得列序著於録略
者成帝之時蓋劉向父子並被帝命至向卒哀帝命歆
卒父所脩者故令文乖理則是也故鄭玄序云世祖以來
通人達士大中大夫鄭少贛名興及子大司農仲師名衆故
議郎衛次仲侍中賈君景伯南郡太守馬季長皆作
周禮解詁又云玄竊觀二三君子之文章顧省竹帛之
浮辭其所變易灼然如晦之見明其所彌縫奄然如合
符復析斯可謂雅達廣攬者也然猶有參錯同事
相違則就其原文字之聲類考訓詁捃祕逸謂二鄭

者同宗之大儒明理于典籍粗識皇祖大經周官之義
存古字發疑正讀亦信多善徒寡且約用不顯傳于
世今讃而辨之庶成此家世所訓也　其名周禮爲尚書
周官者周天子之官也書序曰成王既黜殷命滅淮夷還歸
在豐作周官是言蓋失之矣案尚書盤庚康誥説命泰
誓之屬三篇序皆云某作若干篇今多者不過三千言
又書之所作據時事爲辭君臣相誥命之語作周官之
時周公又作立政上下之别正有一篇周禮乃六篇文異數
萬終始辭句非書之類難以屬之時有若兹焉得從
諸又云斯道也文武所以綱紀周國君臨天下周公定之
致隆平龍鳳之瑞然則周禮起於成帝劉歆而成于鄭
方附離之者太半故林孝存以爲武帝知周官末世瀆亂

不驗之書故作十論七難以排棄之何休亦以爲六國陰謀之書唯有鄭玄徧覽群經知周禮者乃周公致太平之迹故能荅林碩之論難使周禮義得條通故鄭氏傳曰玄以爲括囊大典網羅衆家是以周禮大行後王之法易曰神而化之存乎其人此之謂也

周禮疏卷第一

天官冢宰第一　天官冢宰鄭目録云象天所立之官冢大也宰者官也天者統理萬物天子立冢宰使掌邦治亦所以揔御衆官使不失職不言司者大宰揔御衆官不主一官之事也　釋曰鄭云象天者周天有三百六十餘度天官亦揔攝三百六十官故云象天也云官者亦是管攝爲號故題曰天官也鄭又云冢大宰官也者下注對大宰則云冢者天之上此不對大宰故云冢大也宰者調和膳羞之名此冢宰亦能調和衆官故號大宰之官鄭又云不言司者大宰揔御衆官不主一官之事者此官不言司對司徒司馬司寇司空皆云司以其各主一官不兼群職故言司此天官則兼攝群職故不言司也若然則春官亦不言司者以其祭祀鬼神鬼神非人所主故亦不言司也其地官鄭云象地所立之官彼言象地實主地事此天官言天者取揔攝爲言全無天事天事並入於春官者言象天者自取揔攝爲名象地自取掌物爲號各取一邊爲義理無嫌也　第一者

第次也一者數之始也次第之中處一故爲第一也

鄭氏注 鄭氏者漢大司農北海郡鄭沖之孫名玄字康成　注者於經之下自注己意使經義可申故云注也孔君王肅之等則言傳傳者使可傳述若然或云注或云傳不同立意有異無義例也

惟王建國 釋曰自此以下至以爲民極五句六官之首同此序者以其建國設官爲民不異故也王者臨統無邊故首稱惟王明事皆統之於王王既位矣當擇土中以建國爲先故次言建國於中辯四方正宮廟之位復體國經野自近及遠也於是設官分職助理天工衆人取中以爲治體列文先後次第應然其實建國之初豈未設官分職也直以作序之意主在設官分職爲民極耳故終言之惟王建國者言惟謂若尚書云惟三月之類皆辭不爲義建立也惟受命之王乃可立國城於地之中必居地中者案尚書康誥云惟三月哉生魄周公初基作新大邑于東國洛鄭注云岐鎬之域處五岳之外周公於政不均故東行於洛邑合諸侯謀作天子之居據鄭此言則文武所居爲非地中政教不均故居地中也案桓二年左氏傳云昔武

克商遷九鼎於洛邑則居洛本是武王之意至成王周公時恐天
下爲疑更與諸侯謀定之也若然五帝以降堯治平陽舜治安
邑唯湯居亳得地中以外皆不得地中而政令均天下治者其時
雖不得地中並在五嶽之内又以民淳易治故不要在地中以周
則不在五岳之内故鄭云岐鎬處五岳之外也 注 建立也周公居攝而作六典之職謂之周禮營邑於土中七年致政成王
以此禮授之使居雒邑治天下司徒職曰日至之景尺有五寸謂
之地中天地之所合也四時之所交也風雨之所會也陰陽之所和
也然則百物阜安乃建王國焉 釋曰云周公居攝而作六典之
職謂之周禮者案禮記明堂位云周公攝政六年制禮作樂頒度
量於天下又案書傳亦云六年制禮作樂所制之禮則此周禮也
云而作六典者下文大宰之職掌建邦之六典天官治典地官教
典春官禮典夏官政典秋官刑典冬官事典是六典之職也又云營
邑於土中者即召誥云王來紹上帝自服於土中是也又云七年致政
成王者明堂位文必七年者洛誥云誕保文武受命惟七年鄭注以
文武受命七年而崩周公不敢過其數也又云以此禮授之使居洛

邑治天下者此鄭解周公制禮必兼言建國於洛邑之意案尚書
洛誥云周公曰孺子來相宅亂爲四方新辟是使居洛邑也下云
惠篤敘無有遘自疾是授以此禮使行之也又案書傳云一年救亂
二年伐殷三年踐奄四年建侯衛五年營成周六年制禮作樂七
年致政成王鄭用此文則四年封康叔於衛爲建侯衛案康誥
云周公初基作新大邑洛謂初爲基址之處至五年内營之是以
書傳云五年營成周成周與王城同時營則五年營洛邑與孔安
國爲營洛邑封康叔制禮作樂同是攝政七年異又引司徒職
曰日至之景尺有五寸謂之地中彼先鄭注云土圭之長尺有五寸
以夏至之日立八尺之表其景適與土圭等謂之地中今潁川陽
城地爲然天地之所合者則禮記郊特牲云天地合萬物生謂
天地配合萬物以生是也四時交者則尚書云宅南交孔云夏與
春交舉一隅若然則秋與夏交冬與春交可知也又云風雨之所會
者謂洁禮記禮器云風雨時即謂風雨會時也陰陽之所和者
謂若昭四年申豐云冬無愆陽夏無伏陰二氣和順也然則百物
阜安者阜盛也然猶如是如是於地中得所故百物盛安也乃建

王國者於百物盛安之處乃立王國王國則洛邑王城是也鄭引此者破賈馬之徒建國爲諸侯國此六官同序皆云建國豈王國未立先建諸侯國乎明不可也

辨方正位

釋曰謂建國之時辨別也先須視日景以別東西南北四方使有分別也正位者謂四方既有分別又於中正宮室朝庭之位使得正也

注

辨別也鄭司農云別四方正君臣之位君南面臣北面之屬玄謂考工匠人建國水地以縣置槷以縣視以景爲規識日出之景與日入之景晝參諸日中之景夜考之極星以正朝夕是別四方召誥曰越三日戊申大保朝至于雒卜宅厥既得卜則經營越三日庚戌大保乃以庶殷攻位於雒汭越五日甲寅位成正位謂此定宮廟

釋曰辨別也此直訓不釋者司農云別四方義當矣故康成訓之也鄭司農者鄭衆字仲師但周禮之內鄭康成所存注者有三家司農之外又有杜子春鄭大夫鄭大夫者鄭少贛二鄭皆康成之先故言官不言名字杜子春非已宗故指其名也司農云正君臣之位君南面臣北面之屬者案易緯乾鑿度云不易者天在上地在下君南面臣北面父坐子伏司農據而言焉玄謂者大

略一部之内鄭玄若在司農諸家上注者是玄注可知悉不言玄謂在諸家下注者即稱玄謂以别諸家又在諸家前注者是諸家不釋者也又在諸家下注者或增成諸家義則此司農云别四方於文不足引考工記以證之是也或有破諸家者則此司農正位謂正君臣面位引召誥爲宫室朝廷之位破之是也考工匠人建國水地以縣者謂水平之法在地曰槷以繩縣於槷上然後從傍以水望縣即知地之高下而平之也又云置槷以縣者既平得地欲正其東西南北之時先於中置一槷恐槷不正先以縣正之槷正乃視以景景謂於槷端自日出晝之以至日入即得景爲規識之故云爲規識日出之景與日入之景規之交處即東西正也又於兩交之間中屈之指槷又知南北正也仍恐不審晝參諸日中之景夜考諸北極之星以正朝夕乃審矣引召誥以下者案召誥惟大保先周公相宅越若來三月惟丙午朏越三日戊申大保朝至于洛汭卜宅此言越三日戊申者從三月丙午朏朏明生之名月三日也則越三日戊申月五日召公至洛汭也又云越三日庚戌大保乃以庶殷攻位于洛汭月七日也越五日甲寅位成月十一日也皆通本數

之也宮室朝廷之位皆成也引之者證正位謂此宮室位破司農爲君臣父子之位以其國家草創下論體國經野理應先定宮廟等位豈有宮廟等位未成先正君臣面位乎又與匠人建國次第不合故鄭依匠人之次丕否詰之文爲定宮室之位案左氏莊公傳云水昏正而栽知是十月始興土功今於三月爲洛邑者左氏用十月是尋常法今建王城遠述先君之志是興作大事不可以常法難之也

體國經野釋曰體猶分也國謂城中也分國城之中爲九經九緯左祖右社之屬經謂爲之里數此野謂二百里以外三等采地之中有井田之法九夫爲井井方一里之等是也**注**體猶分也經謂爲之里數鄭司農云營國方九里國中九經九緯左祖右社面朝後市野則九夫爲井四井爲邑之屬是也　釋曰言體猶分者謂若人之手足分爲四體得爲分也經謂爲之里數者此據野中而有井方一里之等故經爲里數解之司農云營國方九里已下並冬官考工記匠人文彼云營國方九里旁三門旁謂四方方三門則王城十二門門有三道三三而九則九道南北之道謂之經東西之道謂之緯經緯之道皆九軌又云左祖右社者此據中門外之左右宗廟是

陽故在左社稷是陰故在右面朝後市者三朝此是君臣治政之處陽
故在前三市皆是貪利行刑之處陰故在後也又言野則九夫爲井
此是地官小司徒職文彼云乃井牧其田野九夫爲井四井爲邑四邑
爲丘四丘爲甸四甸爲縣四縣爲都也井方一里邑方二里丘方四里
甸方八里縣方十六里都方三十二里引彼文略故云之屬兼之也案
載師職云家邑任稍地小都任縣地大都任畺地若畿內鄉遂及四
等公邑皆爲溝洫法無此方里爲井之事家邑小都大都三等采
地乃有方里爲井之屬但郊外曰野大摠言耳散文國外則曰野
故鄉大夫職云國中七尺野自六尺是城外則經中
野對國言之謂國外則曰野但鄭據小司徒成文而言 **設官分職**
釋曰既體國經野此須立官 注鄭司農云置冢宰司徒宗伯司馬
以治民故云設官分職也 司寇司空各有所職而百事舉 釋
曰此謂設天地四時之官即六卿也既有其官須有司職故云各有所
職職謂主也天官主治地官主教春官主禮夏官主政秋官主刑冬官
主事六官官各六十則合有三百
六十官官各有主故云百事舉 **以爲民極** 釋曰百人無主不散
則亂是以立君治之

君不獨治也又當立臣輔極中也言設官分職 注 極中也令天下之人者以治民令民得其中正使不失其所故也 注 各得其中不失其所

釋曰極中也爾雅文案尚書洪範云皇建其有極惟時厥庶民於汝極謂皇建其有中之道庶民於之取中案尚書洪範云皇建其有極於下人各得其中不失所也

乃立天官冢宰使帥其屬而掌邦治以佐王均邦國

釋曰六官皆云乃立者以作序之由本序設官之意故先云以爲民極次云所設之官故皆云乃立騰上起下之辭也天官冢宰者據下注而言則此言冢宰者據揔攝六職若據當職則稱大宰也使帥其屬案小宰六屬而言則此屬唯指六十官之屬也掌邦治者掌主也言主治則兼六官以其五官雖有敎禮政刑事不同皆是治法也云佐王均邦國者以大宰掌均節財用故也周禮以邦國連言者據諸侯也單言邦單言國者多據王國也然不先均王國而言均邦國者王之冢宰若言王國恐不兼諸侯今言邦國則舉外可以包內也 注 掌主也邦治王所以治邦國也佐猶助也鄭司農云邦治謂揔六官

之職也故大宰職曰掌邦之六典以佐王治邦國六官皆揔屬於冢宰故論語曰君薨百官揔已以聽於冢宰言冢宰於百官無所不主爾雅曰冢大也冢宰大宰也　釋曰云云邦治王所以治邦國也者此即司農所引大宰職佐王治邦國一也但司農雖引之不指釋此經邦治故玄就足之司農引論語者欲見天子冢宰兼百官之義言百則三百六十一也且論語言君薨據諸侯言冢宰百官據天子互言之者欲見天子諸侯君死世子居喪使大臣聽政同也冢宰大宰者言不異人也

治官之屬大宰卿一人小宰中大夫二人宰夫下大夫四人上士八人中士十有六人旅下士三十有二人

釋曰上經所陳立官所掌有異此經陳官有尊卑多少轉相副貳之事也言治官之屬者此爲六十官之首別言治官之屬一句與下六十官爲目以揔是治官不得惟指此一經至旅下士三十有二人而已凡官尊者少卑者多以其卑者宜勞尊者宜逸是以下上稱旅以其理衆事故特

言旅也小宰與大宰同名大小爲異故鄭注禮記王制引此六卿下
中大夫十二人爲十二小卿以其宰夫是大宰之考謂若地官之考
爲鄉師春官之考爲肆師夏官之考爲軍司馬秋官之考爲士
師冬官之考爲匠師以其掌事不與大官同故異大官也宰者
調和之名夫者治也以注變冢言大進退異名也百官摠焉則謂
其治此一官所主事也之冢列職於王則稱大冢大之上也山
頂曰冢旅衆也下士治衆事者自大宰至旅下士轉相副貳皆王臣
也王之卿六命其大夫四命士以三命而下爲差　釋曰變冢言
大者上唯云冢宰此唯云大宰是變冢言大也云進退異名者即百
官摠焉謂貳王治事摠攝三百六十官則謂之冢是進異名也列職
于王則謂之大者不摠百官與五卿並列各自治六十官則退異名也
若然摠百官則稱冢以其天官象天覆萬物案經大宰職曰凡邦之
小治冢宰聽之是專國小治而稱冢也司書職曰掌六典八法八則
之貳以詔王及冢宰是貳王事摠衆職而稱冢也又宰夫職曰秉其
財用之出入凡失財用物辟名者以官刑詔冢宰而誅之是摠衆
官誅賞而稱冢也又司會職曰以周知四國之治以詔王及冢宰

廢置是揔四國之治而稱冢也若主當官不兼他職則言大者謂
若下文大喪贊贈王含玉賓客贊王几玉爵祀五帝則涖卜如此
之類與諸官並有事則稱大也云冢大之上也者以其大宰與五官
同名大今又別稱冢是冢在大之上也又引爾雅山頂曰冢者欲見
山則大矣冢又在頂證冢在大上之意也又云旅衆也下士治衆事
者欲見尊官逸卑官勞之意也又云自大宰至旅下士轉相副貳皆
王臣也者大卿一人小卿則二人已下皆去上一倍者是轉相副貳也
言王臣者自士以上得王簡策命之則爲王臣也對下經府史胥徒
不得王命官長自辟除者非王臣也又云王之卿六命其大夫四命者
典命文大夫無中下之別案序官則有中下大夫則四命大夫自分
爲中下似若侯伯同七命子男同五命爵則有高下不同也士以三
命爲差但典命直見公卿大夫命者欲見有出封之事故彼云其
出封皆加一等士爵卑無出封之理故不言也彼士之命數既不言
知三命以下者正見序官有上士中士下士三等典命除六命四命
無三命二命一命鄭則約之上士爲三命中士爲再命下士爲一
命若然王朝三公八命卿六命大夫四命皆爲陰爵以待出封

爲諸侯乃爲陽爵九命七命五命士旣不得出封故在王朝有三命一命亦爲陽爵無嫌也

府六人史十有二人

釋曰府治府藏史主造文書也

注府治藏也掌書者凡府史皆其官長所自辟除

釋曰案下宰夫八職云五曰府掌官契以治藏六曰史掌官書以贊治故鄭云府治藏史掌書又云官長所自辟除者官長謂一官之長若治官六十其下府史皆大宰辟召除其課役而使之非王臣也周禮之內府史大例皆府少而史多而府又在史上唯有御史百有二十人特多而在府上鄭云以其掌贊書數多也又有府兼有史以其當職事繁故也或空有史而無府者以其當職少得史即足故也至於角人羽人等直有府無史以其當職文書少而有稅物須藏之故直有府也腊人食醫之等府史俱無者以其專行事更無所須故也周禮之內唯有天府一官特多於史以其所藏物重故也

胥十有二人徒百有二十人

釋曰胥有才智爲什長徒給使役故一胥十徒也

注此民給徭役者若今衛士

矣胥讀如諝謂其有才知爲什長　釋曰案下宰夫八職云
七曰胥掌官叙以治叙八曰徒掌官令以徵令鄭云治叙次序
官中如今侍曹伍伯傳吏朝也徵令趨走給召呼案禮記王制
云下士視上農夫食九人禄足以代耕則府食八人史食七人
胥食六人徒食五人禄其官並亞士故號庶人在官者也鄭云
今衞士亦給徭役故舉漢法況之又云胥讀如諝謂其有才智
爲什長者案周禮之內稱胥者多謂若大胥小胥胥師之類雖
不爲什長皆是有才智之稱彼不讀從諝此讀可知唯有追
胥胥是伺捕盜賊非有才智也易歸妹六三以須注云須才智
之稱天文有須女屈原之姊名女須彼須字此與異者蓋古
有此二字通用俱得爲有才智也周禮上下文有胥必有徒胥爲
什長故也腊人之類空有徒無胥者得徒則足不假長帥故也
食醫之類胥徒並無者以其
專官行事不假胥徒也

宮正上士二人中士四人下士八人府二人史四

人胥四人徒四十人　注正長也宮正主宮中官之長

宮伯中士二人下士四人府一人史二人

胥二人徒二十人　注伯長也　釋曰上大宰至旅下士揔馭群職故爲上首自此宮正已下至夏采六十官隨事緩急爲先後故自宮正至宮伯二官主宮室之事安身先須宮室故爲先也自膳夫至腊人皆供王膳羞飲食饌具之事人之處世在安與飽故食次宮室也自醫師已下至獸醫主療疾之事有生則有疾故醫次食饌也自酒正至宮人陳酒飲肴羞之事醫治既畢須酒食養身故次酒肴也自掌舍至掌次安不忘危出行之事故又次之自大府至掌皮並是府藏計會之事既有其餘理須貯積或出或內宜計會之故相次也自內宰至屨人陳后夫人已下內教婦功婦人衣服之事君子明以訪政夜以安息故言婦人於後也夏采一職記招魂以其死事故於末言之也此宮正并下宮伯雖俱訓爲長其義則異若宮正

則王任王宮卿大夫士之身故爲宮中官之長故其職云以時比
宮中之官府故宮伯所掌者亦掌之故言正長也宮伯云長者直
主宮中卿大夫士之適子庶子行其秩敘授其舍次之事亦得爲長
故云伯長也宮正上士二人爲官首中士四人爲之佐下士八人理衆
事府二人主藏文書也史四人主作文書胥四人爲什長徒四十人給
傜役諸官體例言府史胥徒之義皆然不可文文重釋他皆放
此周禮之內宗伯之類諸言伯者伯長也以尊長爲名縣師之類
言師者皆取可師法也諸稱人者若輪人車人腊人鼈人之類即
冬官鄭云其曰某人者以其事名官言氏者有二種謂若桃氏爲劒築氏爲
削之類鄭注冬官族有世業以氏名官若馮相氏保章氏師氏保氏之類鄭
注引春秋官有世功則有官族是也諸稱司若司裘司市之類言司者皆是
專任其事事由於已故以司言之也諸典婦功典絲典枲之類言典者也
入由已課彼作人故謂之爲典也諸稱職者謂若職幣職內職歲則不用
久停職之而已凡云掌者有三義一者他官供物已則暫掌之而已若幕
人供帷幕幄帟掌次張之也二則掌徵斂之官若掌皮掌染草
之類是也三者掌非已所爲則掌節掌固掌疆本非已造廢壞

修之而已也自外不稱與司職掌者皆是逐事立名以義銓之可曉也凡六官序官之法其義有二一則以義類相從謂若宮正宮伯同上宮中事膳夫庖人外內饔同主造食如此之類皆是類聚群分故連類序之二則凡次序六十官不以官之尊卑爲先後皆以緩急爲次第故此宮正之等士官爲前內宰等大夫官爲後也

膳夫上士二人中士四人下士八人府二人史四人胥十有二人徒百有二十人注膳之言善也今時美物曰珍膳膳夫食官之長也鄭司農以詩說之曰仲允膳夫　釋曰言膳夫食官之長者謂與下庖人內外饔亨人等爲長也司農引詩云者是小雅剥幽王詩膳夫仲允爲之引證與此膳夫爲一事也

庖人中士四人下士八人府二人史四人賈八人

胥四人徒四十人注庖之言苞也裹肉曰苞苴賈主市買知物賈　釋曰言庖者今之廚轉作包者欲取庖人主六獸六禽以供庖廚有裹肉之意也又云裹肉曰包苴者詩云野有死麕白茅包之禮記內則云炮取豚若將編萑以苴之皆是裹肉之物故云裹肉曰包苴也又云賈主市買知物賈者下文九職鄭注行曰商處曰賈賈乃在市而處者故知物賈此特有賈人者庖人牲當市之故也

內饔中士四人下士八人府二人史四人胥十人徒百人注饔割亨煎和之稱內饔所主在內　釋曰饔和也熟食曰饔熟食須調和故號曰饔其職云掌王及后世子之割亨割亨則須煎和故云割亨煎和之稱又云所主在內者以其掌王及后世子及宗廟皆是在內之事

外饔中士四人下士八人府二人史四人胥十

又徒百人注外饔所主在外釋曰案其職云掌外祭祀及邦饗孤子耆老割亨皆是在外之事故云所掌在外也此饔有内外可對故云内外饔至於内宰内豎内司服自掌婦人之事而稱内不對外爲名也

亨人下士四人府一人史二人胥五人徒五十人注主爲外内饔煑肉者釋曰其職云給外内饔亨事故云爲外内饔煑肉也

甸師下士二人府一人史二人胥三十人徒三百人注云郊外曰甸師猶長也甸師主共野物官之長釋曰案載師云任近郊遠郊之地次即云公邑之田任甸地甸地即在百里遠郊外天子藉田又在南方甸地故稱此官爲甸師也然此官主地事不在地官者以其供野之薦又給薪蒸以供亨餚故在此次亨人也又云主供野物官之長或云與地官掌葛掌炭掌蜃委人等同掌供野物故與彼官爲長若然彼屬地官此

屬天官越分相領恐理不愜此甸師當與下獸人已下亦供野物爲長也故下數職注不言長明甸師與之爲長但獸人等中士此爲下士下士得與中士爲長者如大史下大夫内史中大夫鄭云大史史官之長彼下大夫與中大夫爲長此下士亦與中士爲長有何嫌也徒三百人特多者天子藉田千畝藉借此三百人耕耨故多也

獸人中士四人下士八人府二人史四人胥四人徒四十人　釋曰案其職云掌罟田獸冬獻狼夏獻麋供膳羞故在此也

𩰲人中士二人下士四人府二人史四人胥三十人徒三百人　釋曰案其職云掌以時𩰲爲梁春獻王鮪亦供魚物故在此也徒亦三百人者爲融云池塞苑囿取魚處多故也

鼈人下士四人府二人史二人徒十有六人 釋曰案其職云祭祀供蠯蠃蚳亦是供食物故在此也

腊人下士四人府二人史二人徒二十人 注腊之言夕也 釋曰注腊之言夕也乾曰腊朝曝於夕乃乾故云腊之言夕或作夂字夕乃乾成義亦通也以其供脯腊膴胖食物故亦在此色也

醫師上士二人下士四人府二人史二人徒二十人 注醫師衆醫之長 釋曰案其職云掌醫之政令聚毒藥以供醫事諸醫皆在此者醫有齊和飲食之類故設在飲食之間也

食醫中士二人 注食有和齊藥之類 釋曰其職云春多酸夏多苦之等皆須齊和與藥同故鄭云食有和齊藥之類故在醫官之內也

疾醫中士八人 釋曰案其職云掌養萬民之疾病故連類在此

瘍醫下士八人 案其職云掌腫瘍潰瘍之等故亦連類在此 注 瘍創癰也 釋曰案禮記上曲禮云頭有創則沐身有瘍則浴案其職有腫瘍等四種之瘍注潰則未必有膿也故亦連類在此也

獸醫下士四人 注獸牛馬之屬 釋曰案爾雅在野曰獸在家曰畜畜獸異矣而言獸牛馬者但此職云主治牛馬未必治其野獸而以牛馬爲獸者對文則畜獸異散文通故爾雅又云兩足而羽謂之禽四足而毛謂之獸既不別釋畜則獸中可以兼牛馬是其牛馬亦有獸稱故云獸牛馬也

酒正中士四人下士八人府二人史八人胥八人徒八十人 釋曰案其職云掌酒之政令以式法授酒材與膳食相將故在此 注 酒正酒官之長 釋曰

此酒正與下酒人漿人爲長注雖不言漿文略也

酒人奄十人女酒三十人奚三百人 釋曰奄十人以其與女酒及奚同職故用奄人奄不稱士則此奄亦府史之類以奄爲異也言女酒三十人則女酒與奚爲什長若胥徒也奚三百人以其造酒故須人多也

注 奄精氣閉藏者今謂之宦人月令仲冬其器閹以奄女酒女奴曉酒者古者從坐男女沒入縣官爲奴其少才知以爲奚今之侍史官婢或曰奚宦女 釋曰案月令冬三月皆云其氣閉以奄獨引仲冬者以其十一月一陽爻生以其奄人雖精氣閉藏猶少有精氣故也又云女酒女奴曉酒者云云鄭依秋官司厲從坐男女沒入縣官爲奴則奴者男女同名以其曉解作酒有才智則曰女酒其少有才智給使者則曰奚已下云曉者謂曉解當職之物不復重釋之也侍史官婢舉漢法言之又云或曰宦女者漢時有此別號案左氏晉惠公之女名妾稱宦女謂宦事秦公子亦云宦女也

漿人奄五人女漿十有五人奚百有五十人

注女漿女奴曉漿者　釋曰漿人在下者案其職云掌供王之六飲入于酒府飲是酒類故在此也

凌人下士二人府二人史二人胥八人徒八十人

釋曰凌人在此者案其職云掌氷凡外内饔之膳羞鑑焉以供爲膳羞故連類在此也

注 凌氷室也詩云三之日鑿氷沖沖三之日納于凌陰　釋曰引詩曰二之日者案詩之所釋謂周之二月夏之十二月之日鑿氷者謂於深山窮谷固陰沍寒之處於是乎取之沖沖鑿氷之意三之日謂周之三月夏之建寅之正月納氷於凌陰室中案彼又云四之日其蚤獻羔祭韭啓氷之時也鄭荅志以夏十二月取氷二月開氷四月班氷是其常也藏之既晚出之又早晚者建寅乃藏與此周禮十二月藏氷校一月故出之早者四月夏之二月出氷與周禮同今函土寒故納氷可用夏正月也引之者證凌陰即此氷室爲一物也

籩人奄一人女籩十人奚二十人 釋曰在此者案其職云掌四籩之實亦是薦羞之事故在此也 注竹曰籩女籩女奴之曉籩者 釋曰知竹曰籩者更無異文見竹下爲之即知以竹爲之故云竹曰籩也

醢人奄一人女醢二十人奚四十人 釋曰案其職云掌四豆之實亦是薦羞故在此也 注醢豆實也不謂之豆此主醢豆不盡于醢也女醢女奴曉醢者 釋曰云不謂之豆者決上籩人不以籩中之實爲名而以籩爲官號此即以豆中之實爲官號不謂之豆人此是問辭鄭還自荅豆不盡於醢者其豆之所盛非止此職中四豆之實而已天子豆百二十上公豆四十侯伯豆三十二子男豆二十四上大大二十下大夫十六彼有膷臐膮胾炙膾之屬其數甚多是豆不盡盛醢而已若言豆人恐彼並掌之此醢人惟掌此四豆之實而已故不得言豆人而言醢人也

醯人奄二人女醯二十人奚四十人注女醯女奴曉醯者　釋曰醯人在此者案其職云掌供五齊七菹以供醯物則與醢人職通醢人惟主作醢但成齊菹必須醯物乃成故醯人兼言齊菹而連類在此也

鹽人奄二人女鹽二十人奚四十人注女鹽女奴曉鹽也　釋曰在此者案其職云掌鹽之政令以供百事之鹽鹽所以調和上食之物故亦連類在此也

冪人奄一人女冪十人奚二十人注以巾覆物曰冪女冪女奴曉冪者　釋曰冪人在此者案其職云掌供巾冪所以覆飲食之物故次飲食後

宮人中士四人下士八人府二人史四人胥八人

徒八十人釋曰宮人在此者案其職云掌王之六寢之脩又供王沐浴埽除之事是安息王身故在此也

掌舍下士四人府二人史四人徒四十人釋曰云在此者案其職云掌王之會同之舍設梐枑再重亦是安王身之事故亦在此注舍行所解止之處釋曰案其職云設車宮壇壝宮帷宮之等並是解脱止息之處故云解止之處也

幕人下士一人府二人史二人徒四十人釋曰在此者案其職云掌帷幕幄帟綬之事亦是安王身之事故在此也注幕帷覆上者釋曰案下職中鄭注云在旁曰帷在上曰幕是其幕乃帷之覆上者也

掌次下士四人府四人史二人徒八十人釋曰在此者案

其職云掌王次之法以待張事幕 注 次自脩正之處 釋曰
人供之掌次張之故連類在此也 案其職云張大次設重
帟重案皆是自脩正
故云自脩正之處也

大府下大夫二人上士四人下士八人府四人史八
人賈十有六人胥八人徒八十人 釋曰在此者案其職云掌九貢
九賦受其貨賄之入頒其貨賄于諸府之事案尚書洪範云
一曰食二曰貨已上皆言飲食訖次言貨賄故大府在此也
有賈者府官須有市買 注 大府爲王治藏之長若今司農
并須知物貨善惡故也 矣 釋曰大府與下諸府官爲
長故以大夫爲之云若今司農矣者漢時司
農主府藏故史游章云司農少府國之淵

玉府上士二人中士四人府二人史二人工八人賈

八人胥四人徒四十有八人釋曰玉府在此者案其職云掌王之金玉玩好兵器凡良貨賄之藏以玉爲主故與大府同在此有工八人者以其使攻玉故也有賈者使辨玉之善惡貴賤故也注工能攻玉者釋曰工謂作工案詩云他山之石可以攻玉故須工

內府中士二人府一人史二人徒十人注內府主良貨賄藏在內者釋曰內府在此者案其職云掌九貢九賦九功之貨賄良兵良器故在此也

外府中士二人府一人史二人徒十人釋曰外府在此者案其職云掌邦布之出入以共百事故在此也注外府主泉藏在外者釋曰泉布本是外物無在內府故對內府爲外也

司會中大夫二人下大夫四人上士八人中士十

有六人府四人史八人胥五人徒五十人釋曰在此者案其職云掌邦之六典八法八則之貳以逆邦國都鄙官府之治主天下大計貨賄亦須計會故與大府連類在此也注會大計也司會主天下之大計計官之長若今尚書　釋曰言會大計者案宰夫職曰計曰成月計曰要歲計曰會故知會大計也云主天下之大計者其職云逆邦國都鄙官府是句考徧天下云若今尚書者漢之尚書亦主大計故舉以況之也

司書上士二人中士四人府二人史四人徒八人

注司書主計會之簿書　釋曰司書在此者會計之事司書主之故其職云凡上之用財用必攷于司會故連類〻此也注言簿書者古有簡策以記事若在君前以笏記事後代用簿簿今手版故云吏當持簿簿則簿書也

職內上士二人中士四人府四人史四人徒二十人

釋曰在此者案其職云掌邦之賦入辨其財用之物而執其摠
人大府者皆由職内亦有府義故鄭云受藏之府若職内故
此也
其職在 注 職内主入也若今之泉所入謂之少内 釋曰漢之少
職謂倉庫少内嗇夫之屬各自擅其條理所職主由此
言之少内藏聚似今之少府但官卑職碎以少爲名

職歲上士四人中士八人府四人史八人徒二十
人 注 主歲計以歲斷 釋曰在此者案其職云掌邦之賦
出以貳官府都鄙之財出賜之數以待會計而考之摠
斷一歲之大計故
與司會同在此也

職幣上士二人中士四人府二人史四人賈四人
胥二人徒二十人 釋曰在此者案其職云掌式法以斂官
府都鄙與凡用邦財者之幣以待上之

賜予與職歲通職故連類在此也若然此三職皆有府義不得名府者以財不久停故也

司裘中士二人下士四人府二人史四人徒四十人　釋曰在此者案其職云掌爲大裘并掌皮亦有此府義故在此

掌皮下士四人府二人史四人徒四十人　釋曰在此者案其職云掌秋斂皮冬斂革春獻之亦有府義故連類在此也

内宰下大夫二人上士四人中士八人府四人史八人胥八人徒八十人　釋曰名内宰者對大宰治百官内宰治婦人之事故YERSIN

也注內宰宮中官之長　釋曰內宰與下女史已下爲長故鄭云宮中官之長

內小臣奄上士四人史二人徒八人釋曰在此者案其職云掌王后之命正其服位案夏官大僕職云出入王之大命正其服位則此小臣侍后職與大僕侍王同亦是佐后之事故在此用奄者以其所掌在內故注奄稱士者異其賢　釋曰案上酒人漿人等奄並不稱士則非士也獨此云以其有賢行命爲士故稱士也案詩巷伯奄官也注云巷伯內小臣小臣於宮中爲近故謂之巷伯必知巷伯與小臣爲一人者以其俱名奄又言巷亦宮中爲近又稱伯長也內小臣又稱士亦是長義故知一人也

閽人王宮每門四人囿游亦如之釋曰在此者以其掌守中門之禁王宮在此故亦在此周禮之內有同官別職則此閽人每門及囿游同名閽人而職別山虞澤虞云每大澤大山

及川衡林衡亦是别職同官也
别官同職者唯有官連耳**注**閽人司昏晨以啓閉者刑人墨者使守門囿御
苑也游離宮也　釋曰云閽人司昏晨以啓閉者此釋名
閽人之意昏時閉門則此名閽人也晨時啓門則論語謂
之晨人也皆以時事爲名耳又云刑人墨者使守門此秋
官掌戮職文鄭彼注云黥者無妨於禁禦欲使守門案其
職云掌守中門之禁言之門則唯雉門耳而言每門者彼
言中門据有禁守者言之其實王之五門皆使墨者守之
或解以爲王有五門四面皆有中門故言每門義亦通也
案禮記云古者不使刑人守門彼鄭注謂夏殷時公羊云
閽殺吴子餘祭近刑人輕死之道彼據人君加之寵故云
近刑人輕死之道若君有防衛不親近則非近刑人其劓者
使守關以其醜惡遠之不得約彼即以十二門皆使墨者也詩
云昏椓靡共箋云皆奄人彼據后宮門故使奄者也又云囿
御苑者案詩云王在靈囿注所以養禽獸天子百里諸侯四
十里案孟子齊宣王問孟子云文王之囿方七十里猶以爲小

寡人囿方四十里猶以爲大何也孟子荅文王之囿芻蕘者往焉雉兔者往焉與民同之故以爲小不亦宜乎君之囿民殺其麋鹿者如殺人之罪民以爲大不亦宜乎則文王之囿方七十里者大於諸侯小於天子故也白虎通又云天子百里大國四十里次國三十里小國二十里與孟子不同者白虎通細別言之也又云游離宮者囿是大苑其門皆使閽人守之也此離宮即囿游之獸禁故彼鄭云謂囿之離宮小苑觀處也或以爲游亦謂城郭中與公所爲者也

寺人王之正內五人釋曰在此者案其職云掌王之內人及女宮之戒令故在此注寺之言侍也詩云寺人孟子正內路寢釋曰云寺之言侍者欲取親近侍御之義此奄人也知者見僖二十四年晉文公既入呂郤欲焚公宮寺人披請見公使讓之且辭焉披曰齊桓公置射鉤而使管仲相君若易之行者甚衆豈唯刑臣彼寺人披自稱刑人明寺人奄人也若然寺人既掌內人不掌男子而秦詩云欲見國君先令寺人而掌男子者彼秦仲

宣王命作大夫始大有車馬其官未備故寺人兼小臣是以寺人得掌男子詩云寺人孟子者引證經寺人孟子同也又云正內路寢者寺人既不得在王之路寢而云正內五人者謂后之路寢耳若王之路寢不得稱內以后宮故以內言之故先鄭下注后六宮前一後五前一則路寢

內豎倍寺人之數 釋曰在此者案其職云掌內外之通令凡小事故與寺人連類在此也

注豎未冠者之官名 釋曰春秋左氏傳叔孫穆子幸庚宗婦人而生牛以爲豎官則亦童豎未冠者必使童子爲之者鄭於其職注云使童豎通王內外之命給小事者以其無與爲禮出入便疾也

九嬪 釋曰在此者以其有婦德其職云掌婦學之法以教九御同是內宮之官故亦在此 **注**嬪婦也昏義曰古者天子后立六宮三夫人九嬪二十七世婦八十一御妻以聽天下之內治以明章婦順故天下內和而家理也

不列夫人于此官者夫人之於后猶三公之於王坐而論婦
禮無官職　釋曰引昬義者彼是周之婦官之數與此經婦
人數同故引以爲證案禮記上檀弓云舜葬倉梧葢三妃未
之從鄭注云帝嚳而立四妃象后妃四星其一明者爲正妃
其三小者爲次妃帝堯因焉至舜不告而娶不立正妃但三
夫人而已夏后氏增以三三而九爲十二人殷人又增以三
九二十七合三十九人周人上法帝嚳而立正妃又三二十
七爲八十一人以增三十九并后合百二十一人其位后也
夫人也九嬪也二十七世婦也八十一女御也又云不列夫
人于此惟有九嬪已下是無三夫人之數也又云夫人之於
后猶二公之於王坐而論婦禮無官職者謂三百六十官無
三公之官案大司徒職云二鄉則公一人鄭注云三公者内
與王論道中參六官之事外與六鄉之教又案冬官考工記
云坐而論道謂之王公注云天子諸侯然則公中合有三公
坐而論道無正職故云中參外與而已三夫人
亦然故云坐而論婦禮無官職故不列之也

世婦 注不言數者君子不苟於色有婦德者充之無則闕 釋曰在此者案其職云掌祭祀賓客喪紀帥女宮而濯摡故亦在此九嬪言數而世婦女御不言數者君子不苟於色有婦德乃充之不言王而云君子者謂君子爲王乃能不苟色也九嬪言數者欲見世婦女御有德亦充若九嬪無德亦與世婦女御同闕故迴互其文令義兩得見耳

女御 注昏義所謂御妻御猶進也侍也 釋曰彼不云女御而云御妻猶進后法故引爲一物也又云御猶進也侍也者凡后下御皆從后宮進往王寢侍息宴故女御職云掌御敘于王之燕寢是以訓御爲進也侍也

女祝四人奚八人 釋曰在此者案其職云掌王后之內祭祀凡內禱祠之事故在此也 注女祝女奴曉祝事者 釋曰言女奴曉事謂識文者爲之也

女史八人奚十有六人注女史女奴曉書者■釋曰在此者案其職云掌王后之禮職內治之貳亦女奴識文者爲之其職與王之大史掌禮同故在此也

典婦功中士二人下士四人府二人史四人工四人賈四人徒二十人釋曰在此者案其職云掌婦式之法以授嬪婦及內人女功之事齎故鄭注云典主也典婦功者主婦人絲枲功官之長其職中齎是也云賈四人者以其絲枲有善惡貴賤之事故須賈人也

典絲下士二人府二人史二人賈四人徒十有二人釋曰在此者案其職云掌絲入而辨其物須絲于外內工皆以物授之因婦功亦在此也

典枲下士二人府二人史二人徒二十人釋曰枲麻也案喪服

傳云牡麻者枲麻也則枲是雄麻對苴是麻之
有蕡實者也在此者與典婦功亦連類在此也

内司服奄一人女御二人奚八人釋曰以其掌后已下六服言内司服
者非是對春官司服男子服爲内但是男子之物不言外
者在外是其常也故不須言外而外自顯但以婦人在内
故婦人之事多言内若不言内無以得見婦人之物不與
春官司服同處者以從内官之例故在此有奄一人者以
其衣服事多須男子兼掌以與婦人同處故用奄也 注自司服主宮中裁縫官之長有女御者以衣服進或當於
王廣其禮使無色過 釋曰言主宮中裁縫官之長者謂
與下文縫人爲長又云有女御者以衣服進或當於王廣
其禮使無色過者以此女御還是女奴曉進御衣服者故
與女酒女祝女史同號女也以衣服進謂進衣于王見
之或當王意廣其禮得與八十一女御同名欲見百二十
人外兼有此女御之禮王合御幸之使王無淫色之過故

云女御也

縫人奄二人女御八人女工八十人奚三十人注女工女奴曉裁縫者釋曰在此者案其職云掌王宮縫線之事以縫王及后之衣服故在此也奄二人亦是縫線事多須有男子故也有女御者義同於上也有女工者謂女奴巧者鄭云曉裁縫者也

染人下士二人府二人史二人徒二十人釋曰在此者案其職云掌染絲帛因婦人衣服故亦連類在此也

追師下士二人府一人史二人工二人徒四人釋曰在此者職云掌王后之首服爲副編次追衡笄亦因婦人衣服連類在此也注追治玉石之名釋

曰詩云追琢其璋璋是玉爲之則追與琢皆是治玉石之名也若然男子首服在夏官弁師者以其男子是陽義又取夏時萬物長大長大乃冠故在夏官此婦人直取首服配衣故與衣連類在此若然首反處下者以冠屨自相對不與服爲先後故不在上也

屨人下士二人府一人史一人工八人徒四人 釋曰在此者案其職云掌王及后之服屨故從內官衣服亦連類在此若然追師專掌婦人首服此屨人兼男子屨舄在下體賤故男子婦人同在此官也

夏采下士四人史一人徒四人 釋曰在此者其職云掌大喪以冕服復于大祖以乘車建綏復于四郊喪事是終故在末職也 注夏采夏翟羽色禹貢徐州貢夏翟之羽有虞氏

以爲緌後世或無故染鳥羽象而用之謂之夏采　釋
曰案爾雅云伊洛而南素質五采皆備成章曰翬江淮
而南青質五采皆備成章謂之鷂此則夏翟之羽色也
又案禹貢徐州云羽畎夏翟是徐州貢夏翟之羽也又
云有虞氏以爲緌者明堂位云有虞氏之旂夏后氏之
緌注云有虞氏當言緌夏后氏當言旂彼據虞氏始有
緌故云有虞氏以爲緌也又云後世或無者案冬官考
工記有鍾氏染羽若有自然鳥羽何須染之乎故云後
世或無則據此周時而言也故染鳥羽而用之謂之夏
采者夏即五色也此職中注及彼注皆云緌謂注旄於
干首不云翟羽者
蓋注文不具耳

周禮疏卷第一

周禮疏卷第二

唐朝散大夫行大學博士弘文館學士臣賈公彥等撰

大宰之職掌建邦之六典以佐王治邦國一曰治典以經邦國以治官府以紀萬民二曰教典以安邦國以教官府以擾萬民三曰禮典以和邦國以統百官以諧萬民四曰政典以平邦國以正百官以均萬民五曰刑典以詰邦國以刑百官以糾萬民六曰事典以富邦國以任百官

以生萬民 釋曰自此已下至職末分爲二段從此職首至以富得民一段十條明經國之大綱治政之條目自正月之吉以下至職末明頒宣前法依事而施

言掌建邦之六典者謂大宰摠御群職故六典俱建也以佐王治邦國者以六典是王執治邦國王不獨治故云佐王也一曰治典以經邦國至六曰事典皆云邦國者邦國皆謂諸侯之國但治典云經者所以經紀爲名故云經敎典云安者地道主安故云安禮典云和者禮之用和爲貴故云和政典云平者司馬主六軍以平定天下故云平刑典云詰者以其刑者所以詰禁天下故云詰事典云富者作事所以富國家故云富也又治典敎典云官府禮典已下四典皆云百官者尊天地二官不局其數故不云百官而云官府也若然六官其屬各六十得穪百官者舉全數故云百官也且天官言治官府地官云敎官府夏官云以正百官秋官云刑百官皆依本職而言之至於春官主禮不可云禮百官禮所以統叙萬事故云統百官也冬官不

可云事百官故變事云任任謂任使任使即事也又天官主治治所以紀綱天下故云紀萬民也地道主民故云擾萬民擾則馴順之義也春官主禮禮所以諧和故云諧萬民夏官主政九畿職方制其貢有貢賦之事故云均萬民秋官主刑刑者所以糾正天下故云糾萬民也冬官主事作事者所以生養萬民故云生萬民也然天子曰兆民諸侯曰萬民此天子之禮不言兆民而言萬民者但兆民據天子而言之今言萬民以畿外封諸侯惟有畿內不封故以畿內據近而言

注大曰邦小曰國邦之所居亦曰國典常也經也法也王謂之禮經常所秉以治天下也邦國官府謂之禮法常所守以爲法式也常者其上下通名擾猶馴也統猶合也詰猶禁也書曰度作詳刑以詰四方任猶傳也生猶養也鄭司農云治典冢宰之職故立其官曰使帥其屬而掌邦治以佐王均邦國教典司徒之職故立其官曰使帥其屬而掌邦教以佐王安擾邦國禮典宗伯之職故立其官曰使帥其屬而掌邦禮以佐王和邦國

政典司馬之職故立其官曰使帥其屬而掌邦政以佐王
平邦國刑典司寇之職故立其官曰使帥其屬而掌邦禁
以佐王刑邦國此三時皆有官唯冬無官又無司空以三
隅反之則事典司空之職也司空之篇亡小宰職曰六曰
冬官其屬六十掌邦事　釋曰周禮凡言邦國者皆是諸
侯之國此言大曰邦小曰國者止據此文邦在上國在下
故爲此解案儀禮覲禮云同姓大國異姓小邦則邦國大
小通也又云邦之所居亦曰國即據王國而言故上云惟
王建國匠人營國方九里與典命國家皆是邦之所居亦
曰國也又云典常也經也法也者爾雅釋詁云典常也孫
氏云禮之常也釋言云典經也又云法者以其經常者即
是法式又云王謂之巳下鄭所解也云王謂之禮經常所
秉以治天下也者凡言經者以經紀天下故王言禮經常
所秉以治天下也云邦國官府謂之禮法者凡言法者下
法於上故邦國官府謂之禮法常所守以爲法式也云常
者上下通名者經據在上法據在下至於王與邦國官府

俱有常義故云常者上下通名也又云擾猶馴也者案地官注訓擾爲安此言馴不同者馴是順之義順即安義亦通也云統猶合也者統者相統同故爲合詰猶禁也者窮詰即禁止之義也引尚書曰度作詳刑以詰四方此尚書呂刑文是呂侯訓夏贖刑以詳審詰禁四方引證詰爲禁之義也云任猶倳也者倳猶立也東齊人物立地中爲倳删通說范陽令曰天下之人所以不敢倳刃於公之腹者畏秦法也欲使百官皆立其功也云生猶養也者若直云生萬民則諸官皆生萬民彼何異也於義不安故轉爲養冬官主土地所以養民故也云鄭司農云治典冢宰之職者及下教典司徒之職禮典宗伯之職六典皆言之職此並是序官之下次有此文故立其官曰使帥其屬而掌邦治此以下六者皆是六官之首有此文司農摠引以釋六典也云此三時皆有官唯冬無官者謂各六十官唯冬無云無司空者對餘官有大宰司徒宗伯司馬司寇此則無司空御也云以三隅反之者凡物不圓則方方則四隅旣

有三隅明有四隅以言既有春夏秋三時之官明有冬時之官可知則事典司空之職是也云司空之篇亡者謂六國時亡其時以考工記代之引小宰職者欲見當有冬官之屬也 以八灋治官府一曰官屬以舉邦治二曰官職以辨邦治三曰官聯以會官治四曰官常以聽官治五曰官成以經邦治六曰官灋以正邦治七曰官刑以糾邦治八曰官計以弊邦治 釋曰此八法雖不云建亦有建義故鄭注大史職云六典八法八則冢宰所建以治百官大史又建焉是也上六典云治邦國此八法云治官府官府在朝廷之官府也 一曰官屬以舉邦治以下皆單言邦據王國而言之言官屬者謂六官各有

六十官之屬也長官有屬官官事得舉故云以舉邦治二曰官職以辨邦治者謂六官各有職若天官治職之等官各有職辨別也官事有分別故云以辨邦治也　三曰官聯以會官治者聯即連也一官不能獨共則衆官共舉之然後事得合會故云以會官治　四曰官常以聽官治者官常非連事通職各自於當官常職而聽治之故云以聽官治也　五曰官成以經邦治者官成者謂官自有成事品式依舊行之以經紀邦治也　六曰官法以正邦治者官法謂當職所主舊法度將此法度是正邦之治政也七曰官刑以糾邦治者言官刑非尋常五刑謂官中之刑以糾察邦治　八曰官計以弊邦治者官計謂平治官府之計也弊斷也謂就計會之中有失者斷之故云弊邦治也此八法皆云邦治官常官聯二者不云邦而云官者其官聯言官欲取會合衆官乃始得治官常言官欲取官有常職各自治其官故二者不言邦而云官也及小宰還從治也　注百官所居曰府弊斷也鄭司農云官屬謂六官

其屬各六十若今博士大史大宰大祝大樂屬大常也小宰職曰以官府之六屬舉邦治一曰天官其屬六十是也官職謂六官之職小宰職曰以官府之六職辨邦治一曰治職二曰教職三曰禮職四曰政職五曰刑職六曰事職官聯謂國有大事一官不能獨共則六官共舉之聯讀爲連古書連作聯聯謂連事通職相佐助也小宰職曰以官府之六聯合邦治一曰祭祀之聯事二曰賓客之聯事三曰喪荒之聯事四曰軍旅之聯事五曰田役之聯事六曰斂弛之聯事官常謂各自領其官之常職非連事通職所共也官成謂官府之成事品式也小宰職曰以官府之八成經邦治一曰聽政役以比居二曰聽師田以簡稽三曰聽閭里以版圖四曰聽稱責以傳別五曰聽祿位以禮命六曰聽取予以書契七曰聽賣買以質劑八曰聽出入以要會官法謂職所主之法度官職主祭祀朝覲會同賓客者則皆自有其法度小宰職曰以法掌祭祀朝覲會同賓客之戒具官刑謂司刑所掌墨辠劓辠宮辠刖辠殺辠也

官計謂三年則大計羣吏之治而誅賞之玄謂官刑司寇
之職五刑其四曰官刑上能糾職官計謂小宰之六計所
以斷羣吏之治　釋曰言百官所居曰府者欲以官府爲
一事解與上府史之府別彼府主藏文書此府是百官所
居處皆是府聚之義也鄭司農引官屬謂六官其屬各六
十下引小宰所云者是也云若今博士云云屬大常也者
司農據漢百官年表漢始叔孫通爲奉常後改爲大常博
士官刑先鄭謂司刑所掌墨辠劓辠宮辠刖辠殺辠此是
正五刑施于天下非爲官中之刑故後鄭不從之也官計
謂三年大計群吏之治而誅賞者此爲三年一考乃一計
之此官計每歲計之故後鄭亦不從之玄謂官刑司寇之
職五刑其四曰官刑上能糾職是專施于官府之中於義
爲當也官計謂小宰之六計所以斷群吏之治群吏　以
之治即是官中之計於義亦當矣故引破司農也

八則治都鄙一曰祭祀以馭其神二曰灋則

以馭其官三曰廢置以馭其吏四曰祿位以馭其士五曰賦貢以馭其用六曰禮俗以馭其民七曰刑賞以馭其威八曰田役以馭其衆釋曰則亦法也

以八則治三等采地之都鄙也　一曰祭祀以馭其神者采地之中祭祀宗廟社稷五祀下注云凡云馭者所以敺之内之於善則於祭祀之中宗廟先祖則無可去取至社稷配食者若取句龍后稷上公有功是内之善也　二曰法則以馭其官者法則謂官之制度制度與在官爲法則使不偕差亦所以敺之使入善也　三曰廢置以馭其吏者謂有罪則廢退之有賢則舉置而賛之亦所以敺人於善也　四曰祿位以馭其士者士謂學士學士有賢行學業則詔之以爵位祿賞亦是敺之於善也　五曰賦貢以馭其用者采地之民口率出泉爲賦有井田之法一夫之田

稅入於官官得之節財用亦是使人入善故云以馭其用
也 六曰禮俗以馭其民者俗謂昏姻之禮舊所常行者
爲俗還使民依行使之入善故云以馭其民 七曰刑賞
以馭其威者謂有罪刑之有功賞之使人入善畏威故云
以馭其威 八曰田役以馭其衆者謂采地之中得田獵
使役於民皆當不奪農時使人入善故云以馭其衆也據
此文則卿大夫得田獵而春秋左氏傳鄭大夫豐卷請田
子產不許者彼常田之外臨祭取鮮唯人君耳大夫唯得
常田故禮云大夫不掩群亦是常田豐卷亦
僭取鮮故子產云唯君用鮮明大夫不合也 注都之所居曰鄙則亦
法也典法則所用異異其名也都鄙公卿大夫之采邑王
子弟所食邑周召毛聃畢原之屬在畿内者祭祀其先君
社稷五祀法則其官之制度廢猶退也退其不能者舉賢
而置之祿若今月奉也位爵次也賦口率出泉也貢功也
九職之功所稅也禮俗昏姻喪紀舊所行也鄭司農云士
謂學士 釋曰上言邦國則諸經有邦國別言之者故解

爲大曰邦小曰國此采地云都鄙諸文無或言都或言鄙
別號故鄭云都之所居曰鄙大司徒云凡造都鄙鄭云其
界曰都鄙所居也春秋傳曰遷鄭焉而鄙留是鄙所居下
遷也云則亦法也典法則所用異異其名也者謂典法則
三者相訓其義既同但邦國言典官府言法都鄙言則是
所用處異故別言之其實義通也云都鄙公卿大夫之采
邑者載師職云家邑任稍地則大夫之采也小都任縣地
則六卿之采也大都任畺地則三公之采也云王子弟所
食邑者親王子母弟與公同處而百里次疏者與六卿同
處而五十里次疏者與大夫同處二十五里案禮記禮運
云天子有田以處其子孫鄭注中庸云同姓雖恩不同義
必同也尊重其祿位所以貴之不必授以官守然則王子
母弟雖食采也未必則有官有官則依公卿大夫食邑不
假別言也云周召毛聃畢原之屬者僖二十四年左傳召
穆公云管蔡郕霍魯衛毛聃郜雍曹滕畢原豐郇文之昭
也邘晉應韓武之穆也今鄭直云周召毛聃畢原之屬在

畿內者其餘或在畿外故不盡言也引之者證王子弟有采邑也云祭祀其先君社稷五祀者案孝經大夫章不云社稷則諸侯卿大夫也若王子母弟及三公稱諸侯者五廟五祀三社三稷故云祀先君社稷五祀也云法則其官之制度者謂宮室車旗衣服之等皆不得僭也云祿若今月奉也者古者祿皆月別給之漢之月奉亦月給之故云若今月奉也云位爵次也者言朝位者皆依爵之尊卑爲次則經云位據立故云爵次也云賦口率出泉也者下文九職九賦職賦相繼而言故知賦即九賦口率出泉也云貢功也九職之功者亦約下文言九賦上言九職九職任之九賦斂之是以大府云九賦九功九功即九職之功故鄭於此以貢爲功是九職之功出稅也云禮俗昏姻喪紀者曲禮云君子行禮不求變俗若不醴醮用酒是其一隅也云鄭司農云士謂學士者經云祿位以馭其士使進受祿位故知士學士也

以八柄詔王馭羣臣一曰爵以

馭其貴二曰祿以馭其富三曰予以馭其幸四曰置以馭其行五曰生以馭其福六曰奪以馭其貧七曰廢以馭其罪八曰誅以馭其過 釋曰太宰以此八柄詔告于王馭群臣餘條皆不言詔獨此與下八統言詔王者餘並群臣職務常所依行歲終致事乃考知得失此乃王所操持王不獨執群臣佐之而已故特言詔也言馭者此八者皆是毆群臣入善之事故皆言馭也一曰爵以馭其貴者司士云以德詔爵有賢乃受爵是馭之以貴也 二曰祿以馭其富者司士云以功詔祿祿所以富臣下故云以馭其富 三曰予以馭其幸謂言語偶合于善有以賜予之故云以馭其幸 四曰置以馭其行者有賢行則置之于位故云以馭其行 五曰生以馭其福者生猶養也臣有大勳勞者使子孫享養之是福祐之

幽沁故云以馭其福　六曰奪以馭其貧者謂臣有大罪
有殺奪其家資故云以馭其貧　七曰廢以馭其辠者廢
明也謂臣有大罪君不忍刑殺放之以遠故云以馭其辠
意曰誅以馭其過者臣有過失非故爲之者誅責也則以
理語責讓之故云以馭其過也此經八事自五曰已上皆
彖善事則大善者在前小善者在後自六曰已下皆是惡
彖則大惡者在前小惡者在後案內史亦言此八柄之事
彖一曰爵二曰禄與此同三曰廢四曰置五曰殺六曰生
七曰予八曰奪文亂與此不同者彼欲見事起無常故所
言不次也又彼變誅言殺欲見爲惡不止則殺之或可見
此過失則圜土之刑人也出圜土則殺之故內史變誅言
殺也且此中爵與禄廢與置皆別文以王德爲大能明辨
之四者設文有別八則中爵禄及廢
置皆共文者以其德小不能辨故也　注柄所秉執以起事
者也詔告也助也
爵謂公侯伯子男卿大夫士也詩云誨爾序爵言教王以
賢否之第次也班禄所以富臣下書曰凡厥正人既富方

穀幸謂言行偶合於善則有以賜予之以勸後也生猶養
也賢臣之老者王有以養之成王封伯禽於魯曰生以養
周公死以爲周公後是也五福一曰壽奪謂臣有大罪沒
入家財者六極四曰貧廢猶放也舜殛鯀于羽山是也誅
責讓也曲禮曰齒路馬有誅凡言馭者所以敺之內之於
善 釋曰柄者謂八者若斧斤之柄人所秉執以起事故
以柄言之也云爵謂公侯已下者欲見周法爵及命士不
言孤者卿中含之故考工記云外有九室九卿朝焉九卿
謂三孤六卿是卿中含孤也引詩誨爾序爵者大雅桑柔
詩序是先後次第之言誨教也故鄭云言教王以賢否之
第次也又引書者是尚書洪範之文云凡厥正人既富方
穀者厥其也方道也穀善也凡其正直之人既以爵祿富
之又以善道接之引之者證以馭其富也云成王封伯禽
於魯曰生以養周公死以爲周公後是也者此並文公十
三年公羊傳文彼云周公拜乎前魯公拜乎後曰生以養周公
死以爲周公主此云爲周公後不同者鄭以義言之又云五福一

曰壽者此亦洪範文引之者證賢臣老養之是五福一曰
壽故曰以馭其福也云六極四曰貧亦洪範文引之者證
大罪奪之家資以馭其貧也云廢猶放也舜殛鯀于羽山
者鯀治水九載績用不成殛誅也羽山東裔也云曲禮曰
齒路馬有誅者齒謂年之路馬君之所乘馬輙年之
則有誅責引之者證誅爲言語責之非有刑罪也 以八
統詔王馭萬民一曰親親二曰敬故三曰進賢
四曰使能五曰保庸六曰尊貴七曰達吏八曰
禮賓釋曰鄭云統所以合牽以等物也此八者民與在上
同有物事也謂牽下民使與上合皆有以等其事上
行之下效之也故以萬民爲主也 一曰親親者君與民
俱親九族之親 二曰敬故者君與民皆須恭敬故舊朋
友 三曰進賢者有賢在下君當招之民當舉之是君民
皆進賢也 四曰使能者下有技能君民共舉任之 五

曰保庸者保安也庸功也有功者上下俱賞之以祿使心安也　六曰尊貴者臣有貴者君民共尊敬之　七曰達吏者吏勤勞在民間在下位不能自達者進之於上而用之也　八曰禮賓者天子待朝聘之賓在下皆當禮於賓客此八者先親親後賓客亦是先後之次也

注　統所以合牽以等物也親親若堯親九族也敬故不慢舊也晏平仲久而敬之賢有善行也能多才藝者保庸安有功者尊貴尊天下之貴者孟子曰天下之達尊者三曰爵也德也齒也祭義曰先王之所以治天下五貴有德貴貴貴老敬長慈幼達吏察舉勤勞之小吏也禮賓賓客諸侯所以示民親仁善鄰

釋曰云親親謂若堯親九族也者堯典云克明俊德以親九族則堯能任用俊德之賢以自輔乃能親九族上至高祖下及玄孫之親旁及五服民亦效之而親九族也云敬故不慢舊也引晏平仲久而敬之者謂他人久敬平仲由平仲敬於他人善在平仲故親親引堯敬故引平仲欲見上下通有是以伐木詩是文王敬故也

云賢有善行也能多才藝者案鄉大夫云興賢者出使長之興能者入使治之是賢有六德六行者能者直六藝而已云尊貴天下之貴者者謂天下有貴皆尊之云孟子曰天下之達尊者三謂三者天下通達行之三者即爵德齒也爵即經云賢者爲大夫能者爲士皆是用德爲爵證經任賢能也云齒也者謂若黨正飲酒之禮六十巳上在堂上以齒此連引之於經無所當也云祭義曰先王之所以治天下者五貴有德者即舉賢者也貴貴即尊貴也貴老敬長慈幼者三者於經無所當亦連引之耳云達吏察舉勤勞之小吏也者小吏在民閒謂若比長閭胥之等雖小吏堪任大官故察舉用之云禮賓賓客諸侯者謂若大行人上公侯伯子男之禮皆爲等級以禮之是賓客諸侯也云所以示民親仁善鄰者親仁善鄰左氏隱公六年陳五父之辭親仁善鄰則當禮賓故引以證禮賓也

以九職任萬民一曰三農生九穀二曰園圃毓草木

三曰虞衡作山澤之材四曰藪牧養蕃鳥獸五曰百工飭化八材六曰商賈阜通貨賄七曰嬪婦化治絲枲八曰臣妾聚斂疏材九曰閒民無常職轉移執事釋曰此九者皆是民之職業故云任萬民也　一曰三農生九穀者言三農謂農民於原隰及平地三處營種故云三農生九穀也　二曰園圃毓草木者此園圃即載師所云場圃任園地謂在田畔樹菜蔬果蓏者故云毓草木也　三曰虞衡作山澤之材者謂任山澤之民所作事業材木而已　四曰藪牧養蕃鳥獸者謂任藪牧之民事業使之長養蕃滋飛鳥走獸而已　五曰百工飭化八材者謂百種巧作之工所爲事業變化八材爲器物而飭之而已飭勤也勤力以化八材　六曰商賈阜通貨賄者謂商賈之家所爲事業通貨

賄使之阜盛　七曰嬪婦化治絲枲者嬪婦謂國中婦人
有德行者治理變化絲枲以爲布帛之等也　八曰臣妾
聚斂疏材者謂男女貧賤號爲臣妾者所爲事業聚斂百
草根實而已　九曰閒民無常職轉移執事者其人爲性
不營己業爲閒民而好與人傭賃非止
一家轉移爲人執事以此爲業者耳　注任猶傳也鄭司農云三農平地
山澤也九穀黍稷秫稻麻大小豆大小麥八材骨曰切象
曰瑳玉曰琢石曰磨木曰刻金曰鏤革曰剝羽曰析閒民
謂無事業者轉移爲人執事若今傭賃也玄謂三農原隰
及平地九穀無秫大麥而有粱苽樹果蓏曰圃園其樊也
虞衡掌山澤之官主山澤之民者澤無水曰藪牧田在
遠郊皆畜牧之地行曰商處曰賈阜盛也金玉曰貨布帛
曰賄嬪婦人之美稱也堯典曰釐降二女嬪于虞臣妾男
女貧賤之稱晉惠公卜懷公之生曰將生一男一女男爲
人臣女爲人妾生而名其男曰圉女曰妾及懷公質於秦
妾爲宦女焉疏材百草根實可食者疏不熟曰饉　釋曰

云任猶傳也者傳謂立也使民之業得立云鄭司農云三
農平地山澤也者以其積石曰山水鍾曰澤不生九穀故
後鄭不從之也云九穀黍稷秫稻麻大小豆大小麥者此
九者後鄭以爲無秫大麥而有粱苽八材云珠曰切之下
並爾雅文皆是治器用之名也然今爾雅云骨曰切者蓋
司農讀爾雅本作珠也云玄謂三農原隰及平地者爾雅
高平曰原下濕曰隰原及平地可種黍稷之等隰中可種
稻麥及苽也云九穀無秫大麥而有粱苽者以秫爲赤粟
與稷黏疏爲異故去之大麥所用處少故亦去之必知有
粱苽者下食醫云凡膳食之宜有犬宜粱魚宜苽故知有
粱苽也且前七穀之中依月令麥屬東方黍屬南方麻屬
西方豆屬北方稷屬中央故知有黍稷麻豆麥稻與小豆
所用處多故知有稻有小豆也必知有大豆者生民詩云
藝之戎菽戎菽大豆后稷之所殖故知有大豆也云樹果
蓏曰圃園其樊者案漢書食貨志云田中不得有樹用妨
五穀環廬樹桑麻菜茹瓜瓠果蓏應劭曰木曰果草曰蓏

張晏曰有核曰果無核曰蓏臣瓚曰木上曰果地上曰蓏
於與瓚義同晏獨異也案載師云場圃任園地則圃在
中故鄭云樹果蓏曰圃園其樊是以詩云折柳樊圃謂與
圃爲樊樊其蕃蔽也云虞衡掌山澤之官主山澤之民者
案地官掌山澤者謂之虞掌川林者謂之衡則衡不掌山
澤而云虞衡作山澤者欲互舉以見山澤兼有川林之材
也鄭既云虞衡掌山澤之官復云山澤之民者欲見虞衡
是官非出稅之人以山澤之民無名號故借虞衡之官以
表其民所任者任山澤之萬民山虞澤虞之官非是以任
出稅之物但主山澤之民也云澤無水曰藪者地官澤虞
云大澤六藪藪澤別言詩云叔在藪火烈具舉藪若有水
不得田獵故知澤無水曰藪也云牧牧田在遠郊知者見
載師云牧田賞田任遠郊之地云皆畜牧之地者謂藪牧
皆是畜牧之地案載師職鄭注牧田畜牧者之家所受田
也非畜牧之地此解違者但牧六畜之地無文鄭約與家
人所受田處即有六畜之地故云在遠郊也云行曰商處

曰賈者諸官之下有賈人無行法故曰貤易復象曰至日
閉關商旅不行是行曰商也云金玉曰貨者案食貨志王
莽居攝更作金銀龜貝錢布之器名曰寶貨是自然之物
曰貨也聘禮曰賄用束紡是人所爲曰賄也若然王制云
錦文珠玉不粥于市此商賈得通之在市者彼據珠玉有
錦文者或彼異代禮也案左氏襄十五年宋人獻玉于子
罕子罕寘諸其里使玉人爲之攻之富而後使復其所服
氏云富賈玉得富是其得粥玉也云嬪婦人之美稱也者
此是國中婦人有德行故稱嬪引堯典釐降二女嬪于虞
者欲見嬪是婦人美稱之義耳云臣妾男女貧賤之稱者
或奴戮之餘胤或背德之質子晉衛之男女皆是故引晉
惡以釋之也云晉惠巳下皆左氏傳僖十七年夏晉太子
圉爲質于秦云惠公之在梁梁伯妻之梁嬴孕過期卜招
父與其子卜之其子曰將生一男一女招曰然男爲人臣
女爲人妾及生男曰圉女曰妾注養馬曰圉不聘曰妾後
子圉西質妾爲宦女是也此鄭與文異者鄭以義增之也

云疏材百草根實者百草或取根謂若蔆芡之屬或取實謂若榛栗之屬皆是根實可食也云疏不熟曰饉者爾雅云穀不熟爲饑疏不熟爲饉疏穀皆不熟則曰大荒　以九賦斂財賄一曰邦中之賦二曰四郊之賦三曰邦甸之賦四曰家削之賦五曰邦縣之賦六曰邦都之賦七曰關市之賦八曰山澤之賦九曰幣餘之賦　釋曰云以九賦斂財賄者此賦謂口率出泉其處有九故云九也既云賦得口率出泉則財賄非泉而云斂財賄者計口出泉無泉者取財賄以當筭泉之賦故云斂財賄也　一曰邦中之賦者謂國中之民出泉也　二曰四郊之賦者計遠郊百里之內民所用出泉也　三曰邦甸之賦者謂郊外曰甸百里之外二百里之內民所出泉也　四曰家削之賦者

謂三百里之内地名削其中有大夫采地謂之家故名家削大夫采地中賦稅入大夫家但大夫家采地外其地爲公邑公邑之内其民出泉入王家故舉家稍以表公邑之民也　五曰邦縣之賦者四百里地名縣有小都賦入采地其五百里中有大都大都采地其賦入主外爲公邑其中之主其中公邑之民出泉入王家也　六曰邦都之賦者民所出泉入王家也　七曰關市之賦者王畿四面皆有關門及王之市廛二處其民之賦口稅所得之泉也　八曰山澤之賦者謂山澤之中財物山澤之民以時入而取之出稅以當邦賦所稅得之物貯之而官未用有人占會取之爲官出息此人口稅出泉謂之山澤之賦也　九曰幣餘之賦者謂爲國營造用物有餘並歸之於職幣得之不入府藏則有人取之爲官出泉此人亦口稅出泉謂之幣餘之賦然關市山澤幣餘不出上六處而特言者以其末作當增賦故也

注 財泉穀也鄭司農云邦中之賦二十而稅一各有差也幣餘百工之餘玄謂賦口率出泉

也今之筭泉民或謂之賦此其舊名與鄉大夫以歲時登
其夫家之衆寡辨其可任者國中自七尺以及六十野自
六尺以及六十有五皆征之遂師之職亦云以徵其財征
皆謂此賦也邦中在城郭者四郊去國百里邦甸二百里
家削三百里邦縣四百里邦都五百里此平民也關市山
澤謂占會百物幣餘謂占賣國中之斥幣皆末作當增賦
者若今賈人倍筭矣自邦中以至幣餘各入其所有穀物
以當賦泉之數每處爲一書所待異也　釋曰知財得爲
泉者見外府云掌邦布之出入賜予之財用以此知財中
有泉也又知財中有穀者案禮記喪大記云納財朝一溢
米米即是穀故知財中有穀也云鄭司農云邦中之賦二
十而稅一各有差也者先鄭約載師園廛二十而一近郊
十一遠郊二十而三故云各有差後鄭不從者以關市山
澤幣餘之賦皆無地稅即上云邦中四郊之等亦非地稅
故不從也云幣餘百工之餘後鄭不從者若是百工之餘
當歸之職幣何有稅乎云玄謂賦口率出泉也者案大府

云九貢九賦九功各别又見司會云以九貢致邦國之財
用以九賦令田野之財用以九功令民職之財用貢賦及
功各别賦爲口泉也是以鄭君引漢法民年二十五已上
至六十出口賦錢人百二十以爲筭故鄭於此注亦云今
之筭泉民或謂之賦此其舊名與又引鄉大夫以歲時登
其夫家已下及遂師職者欲見征賦爲一皆是口率出泉
破司農爲地稅也云邦中在城郭已下至五百里此皆約
載師所云遠郊甸地削地縣地畺地之等遠近之差云
此平民也者謂六曰已上皆是平善之民先王以農爲本
故謂之平民也對七曰已下非農民者爲末作也云關市
山澤謂占會百物者謂關上以貨出入有稅物市若泉府
廛布總布之等亦有稅物山澤民人入山澤取材物亦有
稅物此人占會百物爲官出息幣餘謂占賣國中斥幣斥
幣謂此物不入大府指斥出而賣之故名斥幣云當增賦
者者謂口率出泉增於上農民故云若今賈人倍筭矣云
日邦中以至幣餘各入其所有穀物以當賦泉之數者以

經云斂財賄財賄即是穀物取之以當賦泉之數若漢法人百二十云每處爲一書所待異也者此九賦所得財物給下九式之用九式用處不同故此九賦分爲九處是以每一處爲一書以待其出式謂用財之節度是所待異也

以九式均節財用一曰祭祀之式二曰賓客之式三曰喪荒之式四曰羞服之式五曰工事之式六曰幣帛之式七曰芻秣之式八曰匪頒之式九曰好用之式

釋曰云以九式均節財用者式謂依常多少用財法式也　一曰祭祀之式者謂若大祭次祭用大牢小祭用特牲之類　二曰賓客之式者謂若上公饔餼九牢飧五牢五積之類　三曰喪荒之式者喪謂若諸侯諸臣之喪含襚賵奠賻賵之類王家之喪所用大非此所共也荒謂凶年穀不熟有所

施與也　四曰羞服之式者謂王之膳羞衣服所用也五曰工事之式者謂百工巧作器物之法　六曰幣帛之式者謂若贈勞賓客也　七曰芻秣之式者謂牛馬禾穀也八曰匪頒之式者謂若分賜群臣也　九曰好用之式者燕好所施予也此九者亦依尊卑緩急爲先後之次也

注式謂用財之節度荒凶年也羞飲食之物也工作器物者幣帛所以贈勞賓客者芻秣養牛馬禾穀也鄭司農云匪分也頒讀爲班布之班謂班賜也玄謂王所分賜羣臣也好用燕好所賜予

釋曰云荒凶年也者曲禮云歲凶年穀不登是凶年也云羞飲食之物也者謂若膳夫飲用六清食用六穀醬用百有二十甕之類云工作器物者若考工所作器物也云幣帛所以贈勞賓客者謂若司儀職上公三問三勞之等皆有束帛聘禮賄用束紡云芻秣養牛馬禾穀者謂若聘禮致饔餼芻禾之等也云玄謂王所分賜群臣者就足司農班賜之義也云好用燕好所賜予者以其言好則知是燕飲有所愛好自因歡樂則有賜

予也

以九貢致邦國之用一曰祀貢二曰嬪貢三曰器貢四曰幣貢五曰材貢六曰貨貢七曰服貢八曰斿貢九曰物貢

釋曰云致邦國之用者謂此貢諸侯邦國歲之常貢則小行人云令春入貢是也大行人云侯服歲一見其貢祀物彼謂因朝而貢與此别也但諸侯國内得民稅大國貢半次國三之一小國四之一所貢者市取當國所出美物則禹貢所云厥篚厥貢之類是也

注嬪故書作賓鄭司農云祀貢犧牲包茅之屬賓貢皮帛之屬器貢宗廟之器幣貢繡帛材貢木材也貨貢珠貝自然之物也服貢祭服斿貢羽毛物貢九州之外各以其所貴爲摯肅慎氏貢楛矢之屬是也玄謂嬪貢絲枲器貢銀鐵石磬丹漆也幣貢玉馬皮帛也材貢櫄榦栝柏篠簜也貨貢金玉龜貝也服貢絺紵也斿讀如囿游之游游貢燕好珠璣琅玕也物貢

雜物魚鹽橘柚　釋曰言故書者鄭注周禮時有數本劉
向未校之前或在山巖石室有古文考校後爲今文古今
不同鄭據今文注故云故書作賓此九貢皆是諸侯賓之
所貢不得特以一事爲賓貢賓貢者非也若言嬪貢謂絲
枲堪爲婦人所作是也鄭司農云祀貢犧牲包茅之屬者
案禮記禮器云三牲魚腊九州之美物故知祀貢有犧牲
也案僖公四年齊責楚包茅不入王祭不共無以縮酒故
知祀貢中有包茅云嬪貢皮帛之屬後鄭從嬪不從賓如
上釋也云器貢宗廟之器者大行人因朝而貢者得有成
器此歲之常貢不得有成器故後鄭不從也云幣貢繡帛
者禹貢有厥篚織貝及玄纖縞之等故知幣貢中有繡帛
也云材貢木材也者案禹貢中有惟木故知材貢中有木
材也云貨貢珠貝自然之物也者亦據食貨志爲說云服
貢祭服者後鄭亦不從以大行人因朝而貢有祭服此歲
之常貢不得有成服云斿貢羽毛者亦不從者以其斿據
人宴好不得據鳥上生穪故不從也云物貢九州之外各

以其所貴爲摯又引肅愼氏貢楛矢之屬後鄭不從者以其九州之外世一見無此歲之常貢之法也云玄謂嬪貢絲枲者絲枲青州所貢此破先鄭爲賓貢云器貢銀鐵石磬丹漆也者銀鐵梁州所貢漆兗州所貢石即礪砥荆州所貢磬即泗濱浮磬徐州所貢云幣貢玉馬皮帛也者禹貢堯時無貢馬法覲禮諸侯享禮云匹馬卓上九馬隨之周則有之玉即球琳皮即熊羆狐狸並雍州所貢帛即織貝之類楊州所貢此增成先鄭之義云材貢櫄榦栝柏篠簜也者並荆州所貢此亦增成先鄭之義云貨貢金玉龜貝也者亦增成先鄭之義龜出九江荆州所貢玉即球琳亦雍州所貢金即金三品及貝楊州所貢云服貢絺紵也者豫州所貢云斿讀爲圃游之游游貢燕好珠璣琅玕也者此破先鄭物上生名爲羽毛也珠即蠙珠徐州所貢璣即璣組荆州所言琅玕雍州所貢云物貢雜物魚鹽橘柚者此亦破先鄭之義魚即蟹魚徐州所貢鹽青州所貢橘柚荆楊所貢已上所貢之物皆據禹貢而言

以九

兩繫邦國之民一曰牧以地得民二曰長以貴得民三曰師以賢得民四曰儒以道得民五曰宗以族得民六曰主以利得民七曰吏以治得民八曰友以任得民九曰藪以富得民釋曰言邦國即據諸侯及萬民而言謂王者於邦國之中立法使諸侯與民相合耦而聯綴不使離散有九事故云以九兩繫邦國之民也　一曰牧以地得民者謂畿外八州之中州別立一州牧使侯伯有功德者爲之使統領二百一十國以有一州土地集安萬民故云牧以地得民也　二曰長以貴得民者謂一國立諸侯與民爲君長是一國之貴民所仰故而民歸之故云以貴得民也　三曰師以賢得民者謂諸侯已下立教學之宮爲師氏以有三德三行使學子歸

之故曰以賢得民民則學子是也　四曰儒以道得民者
諸侯師氏之下又置一保氏之官不與天子保氏同名故
號曰儒掌養國子以道德故云以道得民民亦謂學子也
五曰宗以族得民者謂大宗子與族食族燕序以昭穆故
云以族得民民即族人也　六曰主以利得民者主謂大
夫宣君政教以利得民民則采邑之民也　七曰吏以治
得民者吏在民間若比長胥有以治政之所得民　八
曰友以任得民者言以任則非同門之朋友謂在田里之
間相佐助以相任使而得民即鄰伍聚居者　九曰藪以
富得民者以上八者皆據人而言此一者不據人而言藪
者見民之所居之處利益於人澤藪之中多有材物以
富得民舉藪而言則山澤等皆有材物民居可知也　注
兩猶耦也所以恊耦萬民繫聯綴也牧州長也九州各有
封域以居民也長諸侯也一邦之貴民所仰也師諸侯師
氏有德行以教民者儒諸侯保氏有六藝以教民者宗繼
别爲大宗收族者鄭司農云主謂公卿大夫世世食采不

絕民稅薄利之玄謂利讀如上思利民之利謂以政教利
之吏小吏在鄉邑者友謂同井相合耦鋤作者孟子曰鄉
田同井出入相友守望相助疾病相扶持則百姓親睦藪亦
有虞掌其政令爲之厲禁使其地之民守其材物以時入
于王府頒其餘於萬民富謂藪中材物　釋曰訓兩猶耦
者欲取在上與民相協耦聯綴使不離散也云牧州長也
者禮記王制云二百一十國以爲州州有伯伯則長故云
牧州長也鄭注下曲禮云選賢侯爲之云九州各有封域
以居民也者詩云帝命式于九圍九圍則九州各有封域
疆界也言此者證以地得民云長諸侯也者對則大夫稱
長諸侯稱君今此上言牧下言長故據諸侯也云師諸侯
師氏者此一經皆據諸侯又經云以賢得民是諸侯師氏
也云有德行者師氏職云以三德三行教國子故知有德
行也云儒諸侯保氏有六藝者以經云以道得民保氏職云
掌養國子以道教之六藝故知諸侯保氏不可同天子之
官故變保言儒儒亦有道德之稱也宗繼別爲大宗收族

者見禮記大傳云繼別爲大宗對繼禰爲小宗故云大又云敬宗故收族族食族燕是所以收族也鄭司農云主謂公卿大夫世世食采不絕民稅薄利之者先鄭意以薄稅爲利後鄭不從者稅法有常故孟子云若輕之於堯舜大貉小貉重之於堯舜大桀小桀是不得有輕重皆以什一爲正何得薄稅以利民乎故不從也云玄謂利讀如上思利民之利者謂以故敎利之者上思利民忠也此左氏傳隨季良之辭也云吏小吏在鄉邑者謂若比長閭胥或在鄉或在公邑采邑皆是云友謂同井相合耦耡作者鄭意非謂同師曰友正是同在井邑之間共居若里宰職合耦于耡注云合耦使相佐助者也云孟子曰鄉田同井出入相友守望相助疾病相扶則百姓親睦引孟子鄉田同井者以證友是同井之友但鄉遂爲溝洫不爲井田而云鄉田同井者鄉遂雖不爲井田亦三三相任以出稅與井田同故云同井或解同井水義亦通也云藪亦有虞者地官澤虞職云每大澤大藪中士二人是藪有虞也云掌其政

令巳下皆澤虞職文云富謂藪中材物者謂有薪蒸蒲葦藪中所有之物也**正月之吉始和布治于邦國都鄙乃縣治象之灋于象魏使萬民觀治象挾日而斂之**釋曰自此巳下皆謂施前事條謂建子周之正月言之吉謂朔日也始調和上六典八法巳下之事和訖當月即頒布此治職文書于諸侯邦國鄉大夫都鄙言乃縣者乃緩辭至建寅之正月乃縣治象之法于雉門象魏使萬民共觀治象挾日者從甲至甲凡十日斂藏之于明堂於後月月受而行之謂之告朔也**注**正月周之正月吉謂朔日大宰以正月朔日布王治之事於天下至正歲又書而縣于象魏振木鐸以徇之使萬民觀焉小宰亦帥其屬而徃皆所以重治法新王事也凡治有故言始和者若改造云爾鄭司農云象魏闕也故魯災季桓子御公立于象魏之外命藏象魏曰舊章不可忘從甲至甲謂之挾日凡十日

釋曰知正月是周之正月者下文乃縣是建寅明上云正月是周正月知吉是朔日者論語鄉黨云吉月必朝服而朝是吉謂朔日禮記玉藻云諸侯皮弁聽朔于大廟或云吉或云朔聽朔在月一日是知吉爲朔日也云大宰以正月朔日布王治之事于天下者言天下即經邦國都鄙是畿外畿内徧天下即鄉大夫職云正月之吉受法於司徒退而頒之於其鄉吏是司徒布教法從六鄉已下出則此大宰布法亦從六鄉已下出也云至正歲又書而縣于象魏者此鄭釋經中乃縣必知乃縣是正歲建寅之月者下小宰所以佐大宰彼云正歲縣之與此乃縣爲一事故至正歲縣也鄭知振木鐸者約小宰而知也云凡治有故言始和者若改造云爾者上六典已下至九兩國法常定今云始和似更新其事改造云爾其實不改鄭司農云象魏闕也者周公謂之象魏雉門之外兩觀闕高魏魏然孔子謂之觀春秋左氏定二年夏五月雉門災及兩觀是也云觀者以其有教象可觀望又謂之闕者闕去也仰視治象

闕去疑事或解闕中通門是以莊二十一年云鄭伯享王于闕西辟注闕象魏也案公羊傳云子家駒謂昭公云諸侯僭天子大夫僭諸侯久矣公曰吾何僭矣哉子家駒曰設兩觀乘大路何氏云天子兩觀諸侯臺門則諸侯不合有觀也若然雉門災及兩觀及禮運云遊於觀之上有觀亦是僭也云故魯災季桓子御公立于象魏之外命藏象魏曰舊章不可忘者此哀公三年左氏傳辭案彼桓僖廟災天火曰災謂桓僖廟被天火所燒舊章象魏在大廟中恐火連及故命藏之若然象魏縣教象魏縣教治也以其象魏建寅之月縣之十日藏之大廟中季桓子曰與公立於雉門象魏之外觀舊縣之處故命藏大廟中象魏引之者證象魏是教象之法又云從甲至甲謂之挾日凡十日者破諸家從甲至癸謂之挾日挾通也若從甲至癸仍有癸日不得通挾故以從甲至甲言之

乃施典于邦國而建其牧立其監設其參傅其伍陳其殷置

其輔 釋曰上以言六典治邦國更言施典于邦國故鄭云乃者更申勑之所施者典則建其牧已下是也

建立也每一州之中立一牧立其監者每一國之中立一諸侯使各監一國設其參者謂諸侯之國各立三卿傅其伍者謂三卿下各立五大夫陳其殷者三卿下各陳士九人三九二十七置其輔者謂三卿下各設府史胥徒

注 乃者更申勑之以侯伯有功德者加命作州長謂之牧所謂八命作牧者監謂公侯伯子男各監一國書曰王啓監厥亂爲民參謂卿三人伍謂大夫五人鄭司農云殷治律輔爲民之平也玄謂殷衆也謂衆士也王制諸侯上士二十七人其中士下士各居其上之三分輔府史庶人在官者

釋曰鄭云以侯伯有功德者加命作州長謂之牧者案下曲禮云州牧於外曰侯即是先取侯有功德者爲牧若無賢侯伯亦得故連言侯伯有功德者云加命作州長者以其侯伯七命州牧八命故云加命作州長云所謂八命作牧者案大宗伯職云七命賜國八命作牧是也若殷

之牧下天子使大夫三人爲三監至周使伯佐牧不使大
夫故詩旄丘序云旄丘責衛伯也鄭云衛康叔之封爵稱
侯今曰伯者時爲州伯也周之法使伯佐牧即僖公四年
五侯九伯五侯是州牧九伯是牧下之伯云監謂公侯伯
子男各監一國引書曰王啓監厥亂爲民者此是尚書梓
材之篇周公封康叔而勑之證監是諸侯之義也云參謂
卿三人者案左氏傳杜泄云吾子爲司徒夫子爲司馬孟
氏爲司空則諸侯三卿司徒司馬司空也云伍謂大夫五
人者謂司徒下二大夫一大夫爲司徒大夫一大夫爲大
宰大夫司空下二大夫一大夫主司空事一大夫爲司寇
大夫司馬事省闕一大夫故五人鄭司農云殷治律輔爲
民之平也者謂置官主法律輔爲人之平者謂置輔是平
斷此先鄭蓋是後代之法故後鄭易之云玄謂殷衆也謂
衆士者士稱殷與旅同並是衆義故鄭玄謂衆士也又引
王制諸侯上士已下者案彼注大國之士爲上次國之士
爲中小國之士爲下言數各居其上之三分者此謂盟會

立位之序大國之士爲上比而前行上九中九下九次國之士爲後行上士當大國之中士中士當大國之下士下士當其空小國之上士當大國之下士中士當次國之下士下士當其空故云數各居其上之三分引之爲破司農那爲治律云輔府史庶人在官者破司農輔爲民之平若然建立陳置其義可知其伍言傅者謂大夫上有卿下有士受上政傅於下受下政傅於上故獨云傅

乃施則于都鄙而建其長立其兩設其伍陳其殷置其輔

釋曰上已言八則治都鄙更令施則於都鄙故言乃亦是更申勑之義建其長謂公卿王子弟爲采邑之主以是一邑之長故言建其長立其兩者謂每采地之中立其兩卿設其伍陳其殷置其輔義與上邦國同

注長謂公卿大夫王子弟食采邑者兩謂兩卿不言三卿者不足于諸侯鄭司農云兩謂兩丞

釋曰云長謂公卿大夫者案典命云三公八命其卿六命其大夫四

命案大宗伯云六命賜官彼注王六命之卿賜官者使得
自置其臣治家邑如諸侯則此云長唯據公卿已上大夫
四命不合立官此鄭云長謂公卿大夫并言大夫者以其
大夫雖立官不與公卿同亦得稱長是廣解長義其實大
夫不合有兩卿五大夫當與諸侯之卿同官事當相兼也
云王子弟食采邑者謂親王子弟食邑與三公同在五百
里畺地各百里其次疏者在四百里縣地各五十里與六
卿同已上二者得立兩卿五大夫之等其次更疏者在三
百里稍地各食二十五里與大夫同不得立兩卿五大夫
亦職相兼也云兩謂兩卿不言三卿者不足於諸侯者以
畿外諸侯南面爲尊故得申而立三卿天子三公六卿雖
尊以其在天子之下故屈而立兩卿不足於諸侯鄭司農
云兩謂兩丞者以其兩卿丞副其長先鄭以後代之官況
之故云兩丞也此中唯有都鄙無家邑之名故都鄙中含
有公卿大夫春官都宗人家宗人都家並有故公卿入都
宗人中大夫則入家宗人中以其公卿雖有大都小都之

別而同名都故大夫不得都名直有宗稱故在家宗人也至於夏官都司馬家司馬又與家宗人都宗人異故鄭注都司馬唯云三公與王子弟其卿又入家司馬中以其司馬辨尊卑六卿卑又自使其臣爲司馬若叔孫氏之名臣駿戾王家不爲之立司馬故卿入中若然鄙都之内其號有三若得諸侯之號唯三公王子弟故司裘諸侯熊侯豹侯卿大夫麋侯是卿不入諸侯也若立臣如諸侯即此文卿與公同若稱長可及大夫亦此注含大夫是也 乃

施灋于官府而建其正立其貳設其考陳其殷置其輔

釋曰案上官府在都鄙上此文在都鄙下者欲見都鄙置臣與諸侯同又見諸侯下亦有都鄙之義故進都鄙在上使文承邦國之下也已上言八法治官府今更言施法于官府言乃者亦是更申勑之也而建其正正長也亦是一官之長若大宰之等云立其貳者謂小卿副貳大卿即小宰之等設其考者考成也佐成事者宰

夫之等也殺注正謂冢宰司徒宗伯司馬司寇司空也貳
輔義與前同注謂小宰小司徒小宗伯小司馬小司寇小
司空也考成也佐成事者謂宰夫鄉師肆師軍司馬士師
也司空云未聞其考　釋曰宰夫已下並是五官之長云
司空云未聞其考者案鄉師云及葬執纛以與匠師御匶
注云匠師事官之屬其於司空若鄉師之於司徒若然鄉
師是司徒之考則匠師亦司空之考而此云未聞者彼
文以義約之司空考匠師也無正文故此云未聞也　凡
治以典待邦國之治以則待都鄙之治以灋待
官府之治以官成待萬民之治以禮待賓客之
治釋曰以其天官主治故以目之六典本以治邦國故云
以典待邦國之治八則本以治都鄙故云以則待都鄙
之治八法本以治官府故云以法待官府之治八成本以
治萬民故云以官成待萬民之治禮者本以接賓客故云

以禮待賓客之治據上文官成在八法治官府中今特出
之者以其八成本待萬民不待官府若不特出之則無此
待萬民之事正八法官府者欲見官府執行故禮記云誰
能秉國成成則八成也以禮待賓客本在八統今特見之
者以上親親敬故進賢使能保庸尊貴達吏皆是王行之
於朝以示於民使民觀之入善不必更別有禮唯禮賓特
別有禮若聘禮之類也此皆言以者當別有篇卷使人執
持施行之知然者以周禮六官皆邦國之治則六官掌事
不可專主邦國故知別有篇注成八成禮賓禮也　釋曰
卷但在三百之中云逸也　注八成小宰職掌禮賓禮者
若聘禮覲禮掌客之等是也

祀五帝則掌百官之誓戒與其具

脩釋曰祀五帝則掌百官之誓戒者謂祭前十日已前誓
戒百官則大宰掌之與其具脩者使百官供祭祀之具
及脩之注祀五帝謂四郊及明堂誓戒要之以刑重失禮
埽除也注也明堂位所謂各揚其職百官廢職服大刑是

其辭之略也具所當共脩埽除糞洒　釋曰五帝者東方
青帝靈威仰南方赤帝赤熛怒中央黄帝含樞紐西方白
帝白招拒北方黒帝汁光紀依月令四時迎氣及季夏六
月迎土氣於南郊其餘四帝各於其郊并夏正祭所感帝
於南郊故云祀五帝於四郊也鄭云及明堂者揔饗五帝
於明堂依月令秦用季秋鄭云未知周以何月案下曲禮
云大饗不問卜鄭云祭五帝於明堂莫適卜也彼明堂不
卜此下經云帥執事而卜日則此祀五帝不合有明堂鄭
云及明堂者廣解祀五帝之處其實此處無明堂云誓戒
要之以刑重失禮者言要之以刑則服大刑是也言重失
禮者以失禮為重故要之以刑引明堂位彼在祭祀之下
陳之謂祭日此是未祭前引之者欲見祭前誓戒還用祭
日之辭以勑之故或前或後其辭同云是其辭之略者謂
誓戒之時其辭應多不應唯有此言故云辭之略也又云
具所當供者祭祀之連事祭祀之具百官共供故云具謂
所當供又云脩埽除糞洒者案宫人云掌六寢之脩守祧

云其廟有司脩除之是其脩掃除糞洒也　前期十日帥執事而卜日遂
戒　釋曰前期者謂祭日前夕爲期云前期十日者即是祭
前十一日大宰帥宗伯大卜之屬執事之人而卜日又
言遂戒者謂祭前十　注　前期前所諏之日也十日容散齊
日遂戒百官始齊　七日致齊三日執事宗伯大卜之
屬既卜又戒百官以始齊　釋曰云前期前所諏之日者
此依少牢所諏之日即祭日也凡祭祀謂於祭前之夕爲
期今言前期十日者明祭前十一日卜卜之後日遂戒使
散齊致齊故云十日容散齊七日致齊三日案禮記祭統
云散齊七日以定之致齊三日以齊之云執事宗伯大卜
之屬者大宗伯職云凡祀大神享大鬼祭大示帥執事而
卜日謂宗伯涖卜又案大卜云大祭祀視高命龜故知執
事中有宗伯大卜之屬中含有小宗伯及卜師故言之屬
但四時迎氣冬至夏至郊天等雖有常時常日猶須審愼
仍卜日故表記云不犯日月不違卜筮注日月謂冬夏至

正月及四時也所不違者日與牲尸也假令不吉改卜後
日故箴膏肓云天子郊以夏正上旬之日魯之卜三正下
旬之日是雖有常時常曰猶卜日也

及執事眡滌濯

釋曰及猶至也謂至祭前夕大宰眡
滌濯案春官小宗伯大祭祀眡滌濯大宗伯亦云宿眡滌
濯彼二官親眡滌濯大宰尊亦往涖之注云執事初為祭
事前祭日之夕知者案下經及納亨者是祭日此云眡滌
濯儀禮特牲亦云前祭日之夕視壺濯及豆籩士卑得與
人君同少牢大夫禮當祭日摡祭器者下人君也注又云
滌濯謂漑祭器及甑甗之屬知然者案少牢雍人摡鼎七
俎廩人摡甑甗司宫摡豆籩及勺爵此不言匕俎豆籩勺爵者之屬中含之

及納亨贊王牲事

釋曰及猶至也至納亨者案禮記明堂位君肉袒
迎牲于門卿大夫贊君及殺訖納與亨人故言納
亨云贊王牲事者即是大夫贊幣一人也

注

納亨納牲將告殺謂鄉祭之晨既殺以授亨人凡大祭祀君親

牽牲大夫贊之 釋曰云納亨納牲將告殺者謂牽牲入時也禮器云納牲詔于庭殺訖毛以告純血以告殺腥其俎肫解而腥之以此訖乃納與亨人爓祭此言納亨者以牽牲也云謂饗祭之晨者案檀弓云周人大事以日出故知納亨是饗祭之晨此祭天無祼故先迎牲若宗廟之祭有祼而後迎牲也云既殺以授亨人者案亨人職職外内饔之爨亨謂腥其俎後云凡大祭祀君親牽牲大夫贊之者此明堂位文彼魯侯用天子禮故還以引證天子法一

及祀之日贊玉幣爵之事 釋曰及猶至也至祭日謂質明贊助也執此玉幣爵三者助而授王也 注 日旦明也玉幣所以禮神玉與幣各如其方之色爵所以獻齊酒不用玉爵尚質也三者執以從王至而授之 釋曰案特牲少牢皆質明行事故知旦明云玉幣所以禮神玉與幣各如其方之色者上云祀五帝以為迎氣於四郊之等案大宗伯以玉作六器以禮天地四方又云青圭禮東方赤璋禮南方白琥禮

西方玄璜禮北方季夏六月迎土氣於南郊亦用赤璋下云牲幣彼雖幣不是禮神之幣亦各放其器之色是其禮神幣與王亦各如其方色也云爵所以獻齊酒者案冪人云疏布冪八尊八尊者五齊三酒之尊以其祭天無祼故無彝尊也云不用玉爵尚質也者對下經享先王用玉爵尚文此祭天不用玉爵故云尚質云三者執以從王至而授之者謂至此祀圓丘方澤祭所而授之王親自執玉幣奠於神坐親酌以獻尸

祀大神示亦如之

釋曰云祀大神謂冬至祭天於圓丘云祀大祇謂夏至祭地於方澤亦如之者從掌百官誓戒已下贊玉別爵之事已上皆

注

大神祇謂天地

釋曰此天謂大天云祀五帝之禮對五帝爲小天此地謂大地對神州之神爲小地故如天地也

享先王亦如之贊玉几玉爵

釋曰亦如之下幣言贊玉几玉爵則天地不用玉几玉爵其言亦如之者謂亦贊王牲事已上不云大者欲見宗廟六享同然

注

王几所以依神天子左右玉几宗廟獻用玉爵　釋曰云
天子左右玉几者此是司几筵文彼所云者謂王受諸侯
朝覲會同所設今此享先王鬼神之几亦與王平生同故
引爲證此享先王有玉几玉爵天地有爵但不用玉飾祭
宗廟用玉几天地亦應有質几不言之者文不具云宗廟
獻用玉爵者案明堂位獻用玉琖謂王朝踐饋獻酳尸時
若祼則用圭瓚也

大朝覲會同贊玉幣玉獻玉几玉爵　釋曰

諸侯四時常朝不稱大今朝覲稱大者諸侯爲大會同而
來故稱大朝覲贊助也助王受此玉幣玉獻玉几玉爵也
注　助王受此四者時見曰會殷見曰同大會同或於春朝
或於秋覲舉春秋則冬夏可知玉幣諸侯享幣也其合
亦如小行人所合六幣云玉獻獻國珍異亦執玉以致之
玉几王所依也立而設几優尊者玉爵王禮諸侯之酢爵
王朝諸侯立依前南面其禮之於阼階上　釋曰云時見
曰會者此大宗伯文案彼注時見者言無常期諸侯有不

順服者其順服者皆來會京師助王討之故云時見曰會
云殷見曰同者亦大宗伯職文殷猶衆也謂十二歲王如
不巡狩諸侯衆來同見天子故曰殷見曰同云大會同或
於春朝或於秋覲者大會雖無常期當春來即是春朝當
秋來即是秋覲當夏來即是夏宗當冬來即是冬遇若大
同則有常期春東方六服盡來夏南方六服盡來秋冬可
知云舉春秋即冬夏可知者經直云大朝覲不言宗遇有
宗遇可知在國行朝禮訖乃皆爲壇於國外而命事焉云
贄于朝受享幣者於廟秋冬一受之於廟受朝既訖乃受
玉幣諸侯享幣也者諸侯會同皆依四時常朝亦春夏受
享獻國所有珍異其行享之時亦璧琮加束帛以致之云
其合亦如小行人所合六幣云者案小行人所合六幣圭
以馬璋以皮璧以帛琮以錦琥以繡璜以黼據彼鄭注五
等諸侯享天子用璧以帛享后用琮以錦則璧以馬璋以
皮者謂二王之後享天子用圭以馬享后用琮以皮則琥
以繡璜以黼者子男自相享法但小行人所云者謂四時

常朝不見大朝覲會同法約與四時常朝同無正文故言
云也云王獻獻國珍異亦執玉以致之者謂三享之外別
有獻國珍異亦知三享執玉以致之故言玉獻謂以玉致
獻也云玉几王所依也者謂王所馮依云立而設几優尊
者知立而設几者案司几筵云大饗射凡封國命諸侯王
位設黼依依前南鄉左右玉几是立而設几也但春夏受
享秋冬一受之於廟廟中則有扆前設几法几爲坐設今
立而設几故云優至尊也云玉爵王禮諸侯之酢爵者案
大行人云上公再祼而酢侯伯一祼而酢子男一祼不酢
此祼時大宗伯攝祼非冢宰所贊但諸侯酢王用玉爵則
冢宰贊王受之故云贊玉爵云王朝諸侯立扆前南面者
此約司几筵知之謂秋冬覲時云其禮之於阼階上者言
禮之謂祼諸侯是也知王在阼階上者當依賓主之禮案
燕禮主君在阼賓在牖戶之間故知禮之王在阼階上也

大喪贊贈玉含玉 釋曰大喪謂王喪贊玉爲此二者也 注 助王爲之也贈玉既窆所

以送先王含玉死者口實天子以玉雜記曰含者執璧將命曰寡君使某含則諸侯含以璧鄭司農云含玉璧琮釋曰大喪既是王喪云助王爲之也者謂助嗣王也云贈玉既窆所以送先王者案既夕士禮既窆謂下棺訖主人贈用玄纁以入壙王喪雖無文應更有加亦當以玄纁爲主也所贈亦既窆時也云含玉死者口實者案士喪禮用貝三鄭注左右顚及中央象齧堅王含用玉義亦然也又檀弓云飯用米貝不忍虛也故云口實也云天子以玉者此云含玉玉府典瑞皆直云玉無異物之稱對大夫已下不用玉其實亦爲璧形故引雜記復引先鄭爲璧琮之形也但含玉始死用之贈玉於葬乃用此文後云含玉者用之則有先後此作文先後無義例典瑞并云歛玉此不云者文不具也

作大事則戒于百官贊王命釋曰上已云祀五帝及大神祇祭祀大事戒百官訖則此云作大事戒于百官唯戒事也**注**助王爲教令春秋傳曰國之大事在祀與戎

釋曰春秋傳者成十三年劉康公成肅公會諸侯伐秦成子受脤于社不敬劉子曰國之大事在祀與戎祀有執膰戎有受脤神之大節也今成子惰棄其命矣其不反乎引之者證經大事是戎事連引在祀耳

王眡治朝則贊聽治注治朝在路門外羣臣治事之朝王視之則助王平斷　釋曰王有三朝必知此是路門外朝者但外朝是斷獄之朝路寢庭朝圖宗人嘉事二者並於事簡非正朝故知治朝是路門外司士所掌者也

眡四方之聽朝亦如之注謂王巡守在外時　釋曰經云四方聽朝故知巡狩時此鄭據依常者而言征伐外亦有聽朝法以非常法故不言也

凡邦之小治則冢宰聽之釋曰重出冢宰之名者據百官摠焉故特云冢宰也

待四方之賓客之小治注大事決於王小事冢宰專平

歲終則令百官府各正

其治受其會注正正處也會大計也　釋曰言正正處也者經云令百官府各正其治謂正處其所治文書大宰乃受其計會也云會大計者一歲計會即宰夫職云歲計曰會是也聽其致事而詔王廢置注平其事來至者之功狀而奏白王　釋曰百官致其治政功狀與冢宰聽斷其所置之功狀文書而詔告于王有功者置之進其爵有罪者廢之退其爵也三歲則大計羣吏之治而誅賞之釋曰三年一閏天道小成則大計會百官群吏之治功文書上計當年已有廢置今三年上大計大無功不徒廢更加罪大有功不徒置更加賞也注事久則聽之大無功不徒廢必罪之大有功不徒置必賞之鄭司農云三載考績　釋曰此尚書舜典文彼云三載考績黜陟幽明彼三年一考與此同故引證三歲大計也

周禮疏卷第二

子清眞賞

周禮疏卷第三

唐朝散大夫行太學博士弘文館學士臣賈公彦等撰

小宰之職掌建邦之宮刑以治王宮之政令凡宮之糾禁注杜子春云宮皆當為官玄謂宮刑在王宮中者之刑建明布告之糾猶割也察也若今御史中丞

釋曰後鄭以宮刑宮中之刑不從子春官刑者見秋官司寇已云四曰官刑此小宰不往貳之則不須重掌又見下文觀治象乃退以宮刑憲禁于王宮故知宮刑明矣云建明布告之者上冢宰尊所云建六典之等為建立之義小宰卑云建者則明布告使知而已云糾猶割也察也者既言糾謂糾舉其非事已發者依法斷割之事未發者審察之云若今御史中丞者應劭云秩千石朝會獨坐副貳御史大夫內掌蘭臺圖籍外督刺史糾察百寮

故舉漢法況之**掌邦之六典八灋八則之貳以逆邦國都鄙官府之治**注逆迎受之鄭司農云貳副也　釋曰大宰本以六典治邦國今還以六典逆邦國之治逆謂迎受句考之也大宰本以八法治朝廷官府今還以八灋句考官府之治大宰本以八則治都鄙今還以八則句考都鄙之治皆句考使知功過所在也**執邦之九貢九賦九式之貳以均財節邦用**釋曰此三者並大宰所掌者以其冢宰制國用九貢九賦斂財賄九式用之事之大者故小宰副貳之然大宰有九職小宰不貳之者以其九職云任萬民小宰若云貳謂任使以貳之故不言其實九職任之使之出貢用之則小宰亦貳之九貢中兼之矣以其九職亦有九貢故也以均財節邦用者以九式並舊有法式多少不得增減故云均節也**以官府之六敘正羣吏一曰**

以叙正其位二曰以叙進其治三曰以叙作其事四曰以叙制其食五曰以叙受其會六曰以叙聽其情釋曰凡言叙者皆是次叙先尊後卑各依秩次則羣吏得正故云正羣吏也　一曰以叙正其位者諸若卿大夫士朝位尊卑次列　二曰以叙進其治者謂卿大夫士有治職功狀文書進于上亦先尊後卑也　三曰以叙作其事者謂有所執掌起事亦先尊後卑也　四曰以叙制其食者謂制禄依爵命授之亦先尊後卑也　五曰以叙受其會者謂歲終進會計文書受之亦先尊後卑也　六曰以叙聽其情者情謂情實則獄訟之積受聽斷之時亦先尊後卑也注叙秩次也謂先尊後卑也治功狀也食禄之多少情爭訟之辭　釋曰云秩次者謂尊卑之常各有次叙也以官府之六屬舉邦治一曰天官

其屬六十掌邦治大事則從其長小事則專達二曰地官其屬六十掌邦教大事則從其長小事則專達三曰春官其屬六十掌邦禮大事則從其長小事則專達四曰夏官其屬六十掌邦政大事則從其長小事則專達五曰秋官其屬六十掌邦刑大事則從其長小事則專達六曰冬官其屬六十掌邦事大事則從其長小事則專達釋曰六屬舉邦治者謂官盛任使立長官必當以屬官佐之邦治得舉是以六官各有其屬六十故

云宫府之六屬舉邦治也一曰天官謂大宰之官其屬六十謂宫正至夏采皆掌治職故云掌治也云大事則從其長者謂若膳夫鄭注云膳夫食官之長也則下庖人內外饔亨人有事皆來諮白膳夫故云大事從其長也小事則專達者謂若宫人掌舍無大事無長官可諮自專行事以下五官皆此類也**注**大事從其長若庖人內外饔與膳夫共王之食小事專達若宫人掌舍各爲一官六官之屬三百六十象天地四時日月星辰之度數天道備焉前此者成王作周官其志有述天授位之義故周公設官分職以治之　**釋**曰云大事從其長若庖人內外饔與膳夫共王之食者此並共王食是同事故庖人已下諮膳夫長官也云小事專達者若宫人掌舍直掌王之行設梐枑之等二官並是小事又不立長官當官行事故云各爲一官是專達也鄭直舉天官之內其事顯者各言其一餘官若大府鄭云治藏之長地官司市鄭云市官之長春官大司樂鄭云樂官之長夏官司甲鄭云兵戈盾官之長如此之

類其事甚多不可具陳也小事則專達天官甚衆亦不可具言也云六官之屬三百六十象天地四時日月星辰之度數者依周髀七耀皆云周天三百六十五度四分度之一舉全數亦得云三百六十也言地則與天配合四時言周天亦是地之數十二月亦是周天之數日日行一度月日行十三度十九分度之七日月所行亦在周天之數星辰謂二十八宿十二次亦在周天數内皆不離三百六十五度四分度之一耳天地四時日月星辰之度數所從言之異耳故尚書洪範云五紀一曰歲二曰月三曰日四曰星辰皆别言之下以歷數揔結之亦是類也云天道備焉者以此三百六十官是天道備矣云前此者成王作周官其志有述天授位之義者鄭依書傳云周公攝政三年踐奄與滅淮夷同時又按成王周官成王既黜殷命滅淮夷還歸在豐作周官則成王作周官在周公攝政三年時周公制禮在攝政六年時故云前此者謂成王前於此時作周官其志謂成王志意有述天授位之義即彼周官云唐

虞稽古建官惟百夏商倍之今予小子訓迪厥官以立大師大傅大保茲惟三公論道經邦燮理陰陽下又云立三孤及天地四時之官是其志有述天地三百六十官位之義故周公設官分職法之也此鄭義不見古文尚書故爲此解若孔據古文尚書多士已下並是周公致政後成王之書周公攝政時淮夷奄與管蔡同作亂成王即政後又叛成王親征之故云滅淮夷還歸在豐作周官用人之法則彼周官在此周禮後與鄭義異也 以官府之六職辨邦治一曰治職以平邦國以均萬民以節財用二曰教職以安邦國以寧萬民以懷賓客三曰禮職以和邦國以諧萬民以事鬼神四曰政職以服邦國以正萬民以聚百物五曰

刑職以詰邦國以糾萬民以除盜賊六曰事職以富邦國以養萬民以生百物釋曰云以官府六職辨邦治者六官者各有職若天官治職地官教職其職不同邦事得有分辨故云以辨邦治也　一曰治職者謂以平爲義也云以節財用者亦以制國用故也　二曰教職以安邦國以寧萬民者安邦國與教典同彼云擾萬民此云寧萬民不同者上擾爲馴馴則寧義無異也云懷賓客者以有委積故賓客懷安也　三曰禮職以和邦國以諧萬民者此與上禮典同也云以事鬼神者以其主祭祀當職之事也　四曰政職以服邦國以正萬民者上政典云平邦國均萬民不同者服由平定使之然則　亦平也均與正義亦一也云以聚百物者鄭云司馬主九畿職方制其貢貢即百物也　五曰刑職以詰邦國以糾萬民此與上刑典文同云除盜賊者有寇則罪之盜賊得除故云除盜賊也　六曰

事職以富邦國以養萬民者上事典以生萬民生則養也
與上同此六職不云官府百官與六典不同者以六職皆
営職行事義不及遠 注懷亦安也賓客來共其委積所以
故與六典文異也 安之聚百物者司馬主九畿職方
制其貢各以其所有 釋曰敎典共其委積者大司徒下
有遺人掌十里有廬廬有飲食之等故云共委積也云司
馬主九畿并引職方者司馬直主九
畿無貢物之事故引其屬職方也 以官府之六聯
合邦治一曰祭祀之聯事二曰賓客之聯事三
曰喪荒之聯事四曰軍旅之聯事五曰田役之
聯事六曰斂弛之聯事凡小事皆有聯 釋曰云以官府
之六聯合邦治者謂官府之中有六事皆聯事通職然
後國治得會合故云合邦治也 一曰祭祀之聯事三

曰喪荒之聯事此二者鄭注具以其二者顯著故特言之
二曰賓客之聯事者鄭雖不言案大宰大朝覲會同贊玉
幣玉獻大司徒令野脩道委積大宗伯朝覲會同則爲上
相大司寇云凡朝覲會同前王唯大司馬不見有事司空
又亡　四曰軍旅之聯事者以六軍軍將皆命卿田役亦
然且大司徒云大軍旅大田役以旗致萬民大司馬云大
師建大常比軍衆中春教振旅之事　六曰斂弛之聯事
並大宰任九職九貢九賦司徒制貢小司徒令貢賦若通
數小官則多矣云凡小事皆有聯者謂司　注鄭司農云大
關云掌國貨之節以聯門市之類是也　祭祀大宰贊
玉幣司徒奉牛牲宗伯視滌濯涖玉鬯省牲鑊奉玉齍司
馬羞魚牲奉馬牲司寇奉明水火大喪大宰贊贈玉含玉
司徒帥六鄉之衆庶屬其六引宗伯爲上相司馬平士大
夫司寇前王此所謂官聯杜子春弛讀爲施玄謂荒政弛
力役及國中貴者賢者服公事者老者疾者皆舍不以力
役之事奉牲者其司空奉豕與　釋曰司農雖解祭祀及

大喪二事皆不言司空司空亡故也大祭祀唯大宰尊不奉牲宗伯不言奉雞司馬直言奉馬不兼言奉羊司寇不言奉犬皆略不言可知云杜子春弛讀爲施者若依施㫆是施惠事不必連若爲弛則於事廣矣故後鄭不從之玄謂荒政弛力役者此經二曰喪荒荒謂年穀不熟大司徒有荒政十二其中四曰弛力弛力役謂廩人歲不能人二釜則令移民就穀是時弛力役也鄉大夫云國中貴者謂有官爵者賢者謂有德行者服公事者謂若庶人在官者老謂國中六十者疾者謂廢疾不堪役者皆舍不以力役之事也云奉牲者其司空奉豕與者司空雖亡案五行傳云聽之不聰時則有豕禍豕屬北方又說卦云坎爲豕以是豕屬水故知司空奉豕無正文故云與以疑之也

官府之八成經邦治一曰聽政役以比居二曰聽師田以簡稽三曰聽閭里以版圖四曰聽稱

責以傅別五曰聽祿位以禮命六曰聽取予以
書契七曰聽賣買以質劑八曰聽出入以要會
釋曰以官府之中有八事皆是舊法成事品式依時而行
之將此八者經紀國之治政故云經邦治也 一曰聽政
役以比居者八事皆聽者民事爭訟當斷之也政謂賦稅
役謂使役民有爭賦稅使役則以地比居者共聽之 二
曰聽師田以簡稽者稽計也簡閱也謂師出征伐及田獵
恐有違法則當閱其兵器與人弃筭足否 三曰聽閭里
以版圖者在六鄉則二十五家爲閭在六遂則二十五家
爲里閭里之中有爭訟則以戶籍之版土地之圖聽決之
四曰聽稱責以傅別者稱責謂舉責生子彼此俱爲稱意
故爲稱責於官於民俱是稱也爭此責者則以傅別券書
決之 五曰聽祿位以禮命者謂聽時以禮命之其人策
書之本有人爭祿之多少位之前後則以禮命文書聽之

也　六曰聽取予以書契者此謂於官直貸不出子者故
云取予若爭此取予者則以書契券書聽之　七曰聽賣
買以質劑者質劑謂券書有人爭市事者則以質劑聽
之　八曰聽出入以要會者歲計曰會月計曰要此出
入者正是官內自用物有人爭
此官物者則以要會簿書聽之 注 鄭司農云政謂軍政也役謂發兵起徒役
也此居謂伍籍也比地為伍因內政寄軍令以伍籍發軍
起役者平而無遺脫也簡稽士卒兵器簿書簡猶閱也稽
猶計也合也合計其士之卒伍閱其兵器為之要簿也故遂
人職曰稽其人民簡其兵器國語曰黃池之會吳陳其兵
皆官師擁鐸拱稽版戶籍圖地圖也聽人訟地者以版圖
決之司書職曰邦中之版士地之圖稱責謂貸子傅別謂
券書也聽訟責者以券書決之傅傅著約束於文書別別
為兩兩家各得一也禮命謂九賜也書契符書也質劑謂
市中平賈今時月平是也要會謂計最之簿書月計曰要
歲計曰會故宰夫職曰歲終則令羣吏正歲會月終則令

正月要傳別故書作傅辨鄭大夫讀爲符別杜子春讀爲傳別玄謂政謂賦也凡其字或作政或作正或作征以多言之宜從征如孟子交征利云傳別謂爲大手書於一札中字別之書契謂出予受入之凡要凡簿書最目獄訟之要辭皆曰契春秋傳曰王叔氏不能舉其契質劑謂兩書一札同而別之長曰質短曰劑傅別質劑皆今之券書也事異異其名耳禮命禮之九命之差等

釋曰政軍政後鄭不從者若軍政自在大司馬聽之何得在此乎云比居謂伍籍也者即司徒職五家爲比出軍即五人爲伍云因內政寄軍令者謂在家五家爲比五比爲閭四閭爲族五族爲黨五黨爲州五州爲鄉若出軍則家出一人則還五人爲伍是一比長還爲五長領之二十五人爲兩是一閭閭胥即爲兩司馬領之以此言之至一鄉出一軍軍將還是鄉大夫爲之是因內政寄軍令此管子文彼云作內政司農云因內政者讀字不同云簡稽士卒兵器簿書者士卒謂車別甲士三人步卒七十二人兵器謂弓矢殳矛

戈戟皆有簿書故引遂人以證之也云國語曰黃池之會
者吳語吳晉爭長吳人令曰伏兵甲陳士卒百人爲徹行
頭官師擁鐸拱稽名籍也先鄭爲計計謂據名籍計之義
合故引之也云版戶籍者後鄭下注亦云鄉戶籍圖謂民
之地圖故引司書版圖以證之云責謂貣子者謂貣而生
子者若今舉責即地官泉府職云凡民之貣者以圖服爲
之息若近郊民貣則一年十一生利之類是也云傳傳著
約束於文書別者各得其一二家別釋後鄭不從者名爲
券書即是傳著於文書可知後鄭傳別二字共爲一事解
之云禮命謂九賜也者後鄭不從者九賜之言出自禮緯
含文嘉八命已上乃有九賜此所聽斷何得取八命已上
解之云書契符書也者謂官券符璽之書此據官子民物
何得爲符璽之書解之故後鄭不從也云質劑謂市中平
賈今時月平是也後鄭不從者地官質人云大市曰質小
市曰劑若今月平賈不合有兩名故不從也云月計曰要
歲計曰會者官之出入有要會簿書計管故引宰夫證之

也鄭大夫讀傳別爲符別後鄭不從又云傳別故書作傳辨不從古書也玄謂政謂賦也賦則口率出泉且與役同文皆是科稅之事也云凡其字或作政者此經政役是也或作正者其字或有作正字者或作征者即孟子云交征利及鄉大夫云皆征之是也云征處多故鄭從征也孟子交征利者案孟子云孟子見梁惠王王曰叟不遠千里而來亦將有以利吾國乎對曰何必曰利亦有仁義而已矣王則曰何以利吾國大夫曰何以利吾家士庶人曰何以利吾身上下交征利則國危矣引之以證征是口稅之法云傳別謂爲大手書於一札中字別之者謂於券背上大作一手書字札字中央破之爲二段別之云書契謂出予受入之凡要者此予則取予謂若泉府云凡賒者祭祀無過旬日喪紀不過三月及旅師云春頒秋斂賒取官物後還無生利之事凡要亦是簿書也云凡簿書之最自獄訟之要辭皆曰契者簿書之要曰曰契即取予以書契是也獄訟之要辭曰契即鄭引春秋傳者是也其春秋王叔氏

事在襄十年彼云王叔陳生與伯輿爭政晉侯使士匄平王室使王叔氏與伯輿合要王叔氏不能舉其契此即獄訟之要辭曰契云質劑謂兩書一札同而別之長曰質短曰劑者案地官質人云大市曰質小市曰劑鄭注大市人民馬牛之屬用長券小市兵器珍異之物用短券言兩書一札同而別之者謂前後作二券中央破之兩家各得其一皆無手書字異於傅別故鄭云傅別質劑皆今之券書也云禮命禮之九命之差等者謂若大宗伯九儀從一命受職以至九命作伯差等有九是也

以聽官府之六計弊羣吏之治一曰廉善二曰廉能三曰廉敬四曰廉正五曰廉灋六曰廉辨

釋曰言六計弊羣吏之治者六計謂善能敬正法辨六者不同既以廉爲本又計其功過多少而聽斷之故云六計弊羣吏之治也

注 聽平治也平治官府之計有六事弊斷也既斷以

六事又以廉爲本善善其事有辭譽也能政令行也敬不
解于位也正行無頗邪也法守法不失也辨辨然不疑惑
也杜子春云廉辨或爲廉端　釋曰云皆以廉爲本者此
經六事皆先言廉後言善能之等故知將廉爲本廉者絜
不濫濁也云善善其事有辭譽也者謂有善事四方令聞
辭譽也云能政令行也者謂雖無辭譽所行政令得行也
云敬不解于位也者謂敬其職位恪居官次也云正行無
傾邪也者以其行正直言公正無私也云法守法不失也
者謂依法而行無有錯失也云辨辨然不疑惑也者謂其
人辨然於事分明無有疑惑之事也杜子春云廉辨或爲
廉端者經本或爲廉端後鄭不從者若爲端端亦正與廉
正爲重故不從引之在下者不苟違之亦得爲一義故也

以灋掌祭祀朝覲會同賓客之戒具軍旅田役喪荒亦如之

釋曰言以法掌祭祀已下七者皆是上六
聯百官聯事通職者以其衆官共故經云

令百官府共其財用也然六聯之中不言朝覲會同者以彼賔客中可以兼之以其朝覲會同還是諸侯賔客之事此七事不言斂弛以其非七法謂其禮法也戒具戒官事中之大事故退之在下　注　有事者所當共　釋曰言禮法謂七者皆有舊法依行若九式曰祭祀之式云戒具戒官有事所當共也者此七事在大宰八法中六曰官法彼在八曰官計上者以其彼有數故

七事者令百官府

在上此官法無數故退在六計下也

共其財用治其施舍聽其治訟　注　七事謂先四如之者三也施舍不給役者七事故書爲小事杜子春云當爲七事書亦爲七事　釋曰七事先四謂從祭祀至賔客云如之者三也者從軍旅至喪荒也云施舍不給役者上六聯注引鄉大夫國中貴者老者疾者服公事者是也云七事故書爲小事者與經不相當故杜子春從經爲正也

凡祭祀賛玉幣爵之事祼將之

事　注又從大宰助王也將送也祼送送祼謂贊王酌鬱鬯以獻尸謂之祼祼之言灌也明不爲飲主以祭祀唯人道宗廟有祼天地大神至尊不祼莫稱焉凡鬱鬯受祭之啐之奠之　釋曰案大宰職云祀五帝贊玉幣爵今此又云祭祀贊此三者謂小宰執以授大宰大宰執以授王是相贊助故云又從大宰助王也云將送也祼送送祼謂贊王酌鬱鬯以獻尸者上云贊王幣爵據祭天而下別云祼將是據祭宗廟及上大宰不言贊祼將則大宰不贊之故此注云贊王酌鬱鬯也云明不爲飲主以祭祀者朝踐已後尸乃飲二祼爲奠不飲故云不爲飲主以祭祀云唯人道宗廟有祼天地大神至尊不祼者據大宰祀五帝及大神示亦如之皆不言祼此文又祼將在玉幣爵之下明宗廟有祼天地無祼且大宗伯祀天言煙祭社言血享大神不灌者不用降神無妨用秬鬯必若然天地用八尊直有五齊三酒不言秬鬯尊者以其鬯人職天地八尊者以與宗廟六彝相對爲文鬯人職秬鬯不入彝尊則別有尊

矣不言者略耳不裸者覆載之德其功尤盛欲報之德明
可稱焉故無裸直加勸而已其牲用特其器陶匏皆是質
略之事故鄭云莫稱焉云凡鬱鬯受祭之啐之奠之者謂
王以圭瓚酌鬱鬯獻尸后亦以璋瓚酌鬱鬯獻尸尸皆受
灌地降神名爲祭之向口啐之謂入口乃奠之於地
也祭天地既言無灌案宗伯涖玉鬯又案禮記表記云親
耕粢盛秬鬯以事上帝上帝得有秬鬯者案春官鬯人職
掌共秬鬯下所陳社稷山川等外神皆用秬鬯不用鬱廟
言灌且亦天地無裸也天地無人
職用鬯者唯有宗廟及裸賓客耳 **凡賓客贊裸凡受**
爵之事凡受幣之事 釋曰凡賓客贊裸者案大行人
云上公再裸而酢侯伯一裸而
酢子男一裸不酢謂諸侯來朝朝享既畢王禮之有此灌
酢之禮也云凡受爵之事者謂上公與諸侯酢主之爵王
受之云凡受幣之事者謂廟中行三享享時璧以帛琮以
錦致享時有此受幣之事皆言凡者謂諸侯非一故言凡

以廣**注**唯祼助宗伯其餘皆助大宰王不酌賓客而有受之也 酢大宗伯職曰大賓客則攝而載祼 釋曰言唯祼助宗伯者後引宗伯職者是也云其餘皆助大宰者謂受爵幣二者皆助大宰賓客酢王之時大宰於賓處受而授王王飲訖大宰受爵以授小宰受幣之時亦王親受受以授大宰大宰以授小宰也云王不酌賓客而有受酢者案燕禮使宰夫爲主人是君不酌臣於諸侯亦然受酢是飲酒之事臣不可代君飲酒故有受酢之事也又引大宗伯職曰大賓客則攝而載祼者案彼鄭注云載爲也言爲者攝酌獻耳拜送則王也若然大宗伯非直攝王祼若上公再祼兼有后祼之時大宗伯亦代后祼也拜送則后也拜乃恭敬之事亦不可使臣代之故也 **喪荒受其含襚幣玉之事** 釋曰喪謂王喪諸侯諸臣有致含襚幣玉之事荒謂凶年諸侯亦有致幣玉之事上大宰不言則此小宰專受之案禮記少儀云臣致襚於君則曰致廢衣於賈人則諸侯臣皆得喪

含襚注春秋傳曰口實曰含衣服曰襚凶荒有幣玉者賓客所賵委之禮　釋曰云春秋傳者公羊文其含襚所用在死之時若既殯之後亦容有致之法故禮記雜記殯後諸侯遣使致含襚賵之禮主人受之雖不及事容致厚意是以春秋左氏秦人來歸僖公成風之襚亦在踰年後春秋不譏也云凶荒有幣玉者賓客所賵委之禮者案小行人云若國凶荒則令賵委之彼謂王家賵委諸侯法此謂諸侯賵委王家法也

月終則以官府之敘受羣吏之要　釋曰月計曰要故每月月終則使官府致其簿書之要受之當先尊後卑故言敘　注主每月之小計　釋曰言小計對下經歲會爲大計也若大會則下文冢宰平之

贊冢宰受歲會歲終則令羣吏致事　釋曰贊助也歲計曰會言冢宰則據百官揔焉謂助冢宰受一歲之計云歲終則令羣吏致事者謂使六官各致一年功狀將來考之故也

注使齎歲盡文書來至若今上計　釋曰漢之朝集　正歲使謂之上計吏謂上一年計會文書及功狀也

帥治官之屬而觀治象之灋徇以木鐸曰不用灋者國有常刑

釋曰此則大宰周之正月之吉始和布之於天下至此建寅正歲之正月縣之於象魏其小宰亦助大宰帥治官之屬及萬民而觀治象之法使知當年治政之法也其時小宰徇以木鐸以警衆曰不用法者國有常刑欲使之用命不犯刑也

注正歲謂夏之正月得四時之正以出教令者審也古者將有新令必奮木鐸以警衆使明聽也木鐸木舌也文事奮木鐸武事奮金鐸

釋曰知正歲是夏之正月者見凌人云正歲十有二月令斬冰若正歲是建子周正即今之十月冰未堅不得斬之言正歲得四時之正周爲則不得以此推之諸言正歲者皆四時之正是建寅之月云古者將有新令必奮木鐸以警衆者案禮記檀弓云自

寢門至於庫門振木鐸曰舍故而諱新彼及此文皆是有命奮木鐸警衆使明聽之事也云木鐸木舌者鐸皆以金爲之以木爲舌則曰木鐸以金爲舌則曰金鐸也云文事奮木鐸者此文乃壇弓并明堂位曰振木鐸於朝天子之禮皆是也又云武事奮金鐸者鼓人云金鐸通鼓大司馬云兩司馬振鐸是也

乃退以宮刑憲禁于王宮 注憲謂表縣之若今新有法令云 釋曰凡小宰得秋官刑禁文書表而縣之於宮內也刑禁皆出秋官令云憲禁者與布憲義同故

令于百官府曰各脩乃職攷乃灋待乃事以聽王命其有不共則國有大刑 注乃猶女也 釋曰此經於職末當稟于大宰而令百官謹于此數事以結之也

宰夫之職掌治朝之灋以正王及三公六卿大

夫羣吏之位掌其禁令釋曰言掌治朝之法以正王及三公六卿大夫羣吏之位者案司士云正朝儀之位辨其貴賤之等王南鄉三公北面東上孤東面北上卿大夫西面北上王族故士虎士在路門之右南面東上大僕從者在路門之左南面西上此羣吏卽羣士是其位也掌其禁令卽察其不如儀耳注治朝在路門之外其位司士掌焉宰夫察其不如儀釋曰知此治朝在路門外者燕朝在路寢庭外朝在庫門外其事希簡非常治正之所此云治朝是常治事之朝故知是路門外夏官司士所掌者知察其不如儀者宰夫與司士俱是下大夫非贊治朝又見經云禁令知直察其不如儀式者也叙羣吏之治以待賓客之令諸臣之復萬民之逆釋曰此宰夫次叙羣吏諸臣等之治職卽以待賓客已下三事使之應荅不闕於事也言以待賓客之令此一者謂若大宗伯朝覲會同則為上相肆師

云大朝覲佐儐及大小行人掌客掌訝委人遺人之屬皆是待賓客之官使辨理之也云諸臣之復此其二者案夏官小臣職云掌三公及孤卿之復逆復逆並掌之此不言逆者但宰夫直次之不掌事故於文略也又案夏官大僕職云掌諸侯之復逆此諸臣中兼之此宰夫恒敘大僕小臣等辨理此復逆之事也云萬民之逆此三也者案夏官御僕職掌羣吏庶民之復逆彼羣吏與此經羣吏爲羣臣別故鄭彼注羣吏府史以下此不言羣吏及復亦是文略也此宰夫次敘御僕使辨理府史萬民復逆也 **注** 恒次敘諸吏之職事三者之來則應使辨理之鄭司農云復請也逆迎受王命者宰夫主諸臣萬民之復逆故詩人重之曰家伯維宰玄謂復之言報也反也反報於王謂於朝廷奏事自下而上曰逆逆謂上書 釋曰鄭司農云復請也逆迎受王命者復是報白之義不得爲請故後鄭不從又王命既出在下受而行之不得云逆逆者向上之言不爲向下之義故後鄭亦不從云宰夫主諸臣萬民之復逆故

詩人重之曰家伯維宰者知彼宰非大宰而當此宰夫者維宰在司徒下膳夫上故知是宰夫也此先鄭以官次第當宰夫案鄭彼注冢宰掌建邦之六典皆卿也不從司農者諸經單稱宰者皆大宰若宰夫無單言宰者故爲大宰解之若然大宰在司徒下者彼以權寵爲次不以尊卑故內史中大夫在膳夫上士之下師氏中大夫在趣馬下士之下玄謂復之言報也反也者謂羣臣受王命使臣行之訖反報於王故云朝廷奏事也云自下而上曰逆者謂自上而下曰順故自下而上曰逆也言上書者則今之上表也若然據夏官諸侯諸臣萬民皆復逆並有則此亦皆有上書奏事耳司農於此注復爲請逆爲迎受王命後鄭不從及至夏官大僕先鄭注云復謂奏事逆謂受下奏即與後鄭義同故彼後鄭從之若然是先鄭兩解也案內豎云掌外內之通令凡小事鄭注云內后六宮外卿大夫也使童豎通王內外之命給小事者以其無與爲禮出入便疾內外以大事聞王則大事俟朝而自復若然何須更有小

臣等復逆乎然者一日萬機或有俟朝自復有大事急促不得待朝即須非時通傳使聞徹在上者也掌百官府之徵令辨其八職一曰正掌官灋以治要二曰師掌官成以治凡三曰司掌官灋以治目四曰旅掌官常以治數五曰府掌官契以治藏六曰史掌官書以贊治七曰胥掌官叙以治叙八曰徒掌官令以徵令釋曰言掌百官府之徵令辨其八職者謂揔王朝三百六十官以備王之所徵召及施令若不分别其職則徵召無所指斥故須分辨三百六十職也一曰正者正長也六卿下各有屬六十故六卿稱正也云掌官灋者掌當官之法也以治要者要謂大計要也注别異諸官

之入職以備王之徵召所爲正辟於治官則冢宰也治要若歲計也師辟小宰宰夫也治凡若月計也司辟上士中士治目若今日計也旅辟下士也治數每事多少異也治藏藏文書及器物贊治若今起文書草也治叙次序官中如今侍曹伍伯傳吏朝也徵令趨走給召呼 釋曰自正巳下爲入職皆備王召呼則正亦備王召呼及所爲也言正辟於治官則冢宰也者以其六卿異目或稱大宰或稱司徒之等尊卑相似正長也每職各爲一官之長故揔謂之正也以其六者非一相比辟故以辟言之今舉天官一官言之餘可知云治要若歲計也者案下文歲終云會月終云要旬終云成此歲云要者但六卿下云要不云會以要當會處故以治要爲歲計也云師辟小宰宰夫也者以下文四曰旅是下士諸官皆名旅其下士之上有上士中士向上差次當三曰司上士之上向上差次有小宰宰夫故知二曰師當小宰宰夫也言辟者亦是六卿之下皆有此二者若司徒之下小司徒鄉師之類故亦言辟也二者

同名師者亦是六者異目尊卑相次故同名師也云治凡
若月計者上要既當歲會故治凡當月計曰要之處也云
司辟上士中士者此亦是題目有異若大司馬之下上士
曰輿司馬中士曰行司馬與諸官上士中士不同尊卑相
似故揔謂之司馬以其各有職司也六官之下同名司故
亦云辟也云治目若今日計也者從治要向下以次差之
此治目當日計曰成之處故云今日計也云旅辟下士也
者此下士既無所兼故存本號曰旅亦是六官下同號曰
旅故亦曰辟也云治數每事多少異也者以上治目當日
計此治數無數當下士稱旅理衆事故以治數爲每事多
少解之云治藏藏文書及器物者其名曰府府者主以藏
物故藏當司文書及當司器物也云贊治若今起文書草
也者起文書草乃後判决是爲贊治之法故稱贊治也云
治叙次序官中者既有才智爲什長當次叙官中須人驅
役之處則科次其徒故云次叙官中也云如今侍曹伍伯
傳吏朝也者漢時五人爲伍伯長也是五人之長言傳吏

朝者傳在朝羣吏諸官事務於朝也胥爲什長亦然故舉漢法況之也云徵令趨走給召呼者其徒止爲在朝趨走供給官人召呼使役之事也掌治灋以攷百官府羣都縣鄙之治乘其財用之出入凡失財用物辟名者以官刑詔冢宰而誅之其足用長財善物者賞之

釋曰宰夫是句考之官故以治法考百官府及羣都縣鄙鄉遂之内治功善惡也言乘計其財用之出入者謂上數處用官物者當乘計其用財之出入知其多少云凡失財用物辟名者謂失官家財及用與物三者而辟名者以官刑詔告冢宰長官誅責之也有足用用之能足長財財又能長善物物又能善如此者賞之

注羣都諸采邑也六遂五百家爲鄙五鄙爲縣言縣鄙而六鄉州黨亦存焉乘猶計也財泉穀也用貨賄也物畜獸也辟名詐爲

書以空作見文書與實不相應也官刑在司寇五刑第四者 釋曰云羣都諸采邑也者謂大都小都家邑三處也云六遂五百家爲鄙五鄙爲縣者遂人文云六鄉州黨亦存焉者六遂在外尚考之六鄉在內考之可知不言者舉外以包內也云乘猶計也者計者筭法乘除之名出於此也云財泉穀也者上九賦斂財賄已釋訖云用貨賄也者案內府云掌受九貢九賦九功之貨賄以待邦之大用故知用中有貨賄也云物畜獸也者案獸人云掌罟田獸辨其名物及春秋獻獸物又牧人云掌牧六牲而阜蕃其物以此知物中有畜有獸也云辟名詐爲書以空作見文書與實不相應也者其人失財用物者則詐爲文書以空物作見在文書與實物不相應是罪人也云官刑在司寇五刑第四者彼司寇掌五刑其四曰官刑上能糾職是也

以式灋掌祭祀之戒具與其薦羞從大宰而眡滌濯 釋曰言式法者謂祭祀大小皆有舊法式

依而戒敕使共具之云與其薦羞者謂亦戒具之也云從
大宰而眡滌濯者上大宰職已云祀五帝眡滌濯此宰夫
又從大宰 注 薦脯醢也羞庶羞內羞 釋曰案儀禮鄉飲
眡之也 酒鄉射燕禮諸單言薦者皆是脯醢故知此
薦亦脯醢 云羞庶羞內羞者庶羞謂天子八豆諸侯六豆
之等內羞謂祭祀[illegible]後所加言內者少牢所謂房中之羞
糗餌粉餈是也 凡禮事贊小宰比官府之具 注比校次之 釋曰上小宰
於七事已言以法掌戒具此宰夫贊小宰校次之使知善惡是否也 凡朝覲會同賓客
以牢禮之灋掌其牢禮委積膳獻飲食賓賜
之飧牽與其陳數 釋曰上大宰云大朝覲會同彼言大謂朝覲爲會同而來今此朝覲
不言大則朝覲自是四時常朝及會同皆有賓客也云以
牢禮之法者五等諸侯來朝天子待之自有常法若大行

人掌客者也云掌其牢禮者下別言委積之等則此牢禮
謂饔餼之禮若然委積是賓未至時在道所設聘禮云聘
日致饔則饔餼是朝日致之矣今在委積上者以饔餼是
禮之大者故先言之且委積非直賓來時共之賓去亦共
之在下亦其宜若然飧牢皆殺而云飧牽
者以掌客云積視飧牽據積而言之也 注牢禮之法多少之差
及其時也三牲牛羊豕具爲一牢委積謂牢米薪芻給賓客
道用也膳獻禽羞俶獻也飲食燕饗也鄭司農云飧夕食
也春秋傳曰飧有陪鼎牽牲牢可牽而行者春秋傳曰餼
牽竭矣玄謂飧客始至所致禮凡此禮陳數存可見者唯
有行人掌客及聘禮公食大夫 釋曰云牢禮之法多少
之差者案大行人上公饔餼九牢饗禮九獻食禮九舉此等
其侯伯降二等以七爲節子男又降二等以五爲節也又
掌客云上公飧五牢五積侯伯飧四牢四積子男飧三牢
三積是其數也云及其時也者案聘禮云賓至于大夫帥至
于館即言宰夫朝服設飧又云聘日致饔即天子待諸侯

亦然其委積者從來至去在道而設之並是時也若然此
等之禮並是掌客所主今此復言之者此宰夫雖非正職
以其主陳之當知其數故言之耳云三牲牛羊豕具爲一
牢者此依聘禮卿韋弁歸饔餼於館之時有五牢飪一牢
設於西階腥二牢設於東階牽二牢陳于門内之西北首
以牛一羊一豕一稱牢此既以經牢禮爲饔餼故還引聘
禮順饔餼以證之也云委積謂牢米薪芻給賓客道用也
者依掌客云積視飱牽有芻薪及米明委積在道所設亦
有芻米薪蒸也且地官遺人云十里有廬廬有飲食三十
里有宿宿有委五十里有市市有積是其委積給客道用也
云膳獻禽羞俶獻也者此聘禮記文彼注云禽羞謂成熟
有齊和者俶獻四時珍美新物也俶始也言其始可獻也
聘義謂之時賜是也云飲食燕饗也者鄭以燕饗解飲食
即是飲入燕饗中不解經中食爲食禮者經中言食則食
禮自明今云飲食燕者欲見飲入燕禮可知饗中又兼燕
與食以其饗有米有酒故也司農云飱夕食也者先鄭以

飧字夕下爲之即爲夕食但客至即設不要待夕故後鄭不從也云春秋傳曰飧有陪鼎者左氏昭五年楚薳啓彊曰宴有好貨飧有陪鼎是也云春秋傳曰餼牽竭矣者左氏僖三十三年鄭皇武子辭秦客杞子等云唯是脯資餼牽竭矣是也玄謂飧客始至所致禮者此易先鄭案聘禮客始至大夫帥至于館宰夫朝服設飧不待至夕也云凡此禮陳數存可見者唯有行人掌客及聘禮公食大夫者以儀禮三千條內具有諸侯之禮但亡滅者多今存可見者周禮之內有大行人掌客是待諸侯之禮儀禮之內有聘禮公食大夫是待聘客之法皆有陳數考校可知也

凡邦之弔事掌其戒令與其幣器財用凡所共者

釋曰弔謂王使人弔諸侯自弔諸臣須從王行者并有贈喪之具百官當共故宰夫揔戒令之與其幣器財用凡所共者也

注 弔事弔諸侯諸臣幣所用賻也器所致明器也凡喪始死弔而含襚葬而賵贈其

間加恩厚則有賻焉春秋譏武氏子來求賻　釋曰案大
宗伯云以喪禮哀死亡禮記檀弓曰君臨臣喪巫祝桃茢
執戈惡之也天子之禮弔諸臣之法春秋左氏王使榮叔
歸含且賵是有弔法故云弔諸侯諸臣也云幣所用賻也
者案公羊傳口實曰含車馬曰賵衣服曰襚幣不入含襚
賵中故知是賻也云器所用致明器也者案儀禮既夕禮
云若就器則坐奠于陳注云就猶善也贈無常唯翫好則
此贈與人亦是賓客就器而云明器者相對言之則檀弓
云竹不成用瓦不成味木不成斲琴瑟張而不平之等是
主人之明器賓客所致者謂之就器就成也謂善作之名
爲就器物而言之皆是神明死者之器故此就器亦名明
器也云凡喪始死弔而含襚葬而賵贈其間加恩厚則有
賻焉言此者欲見賻非正禮其賻乃是於死者恩厚乃加
之故禮記云弔喪不能賻不問其所費是恩厚之義也云
春秋譏武氏子來求賻者隱公三年公羊文案公羊云武
氏子來求賻何以書譏何譏爾喪事無求求賻非禮何休

云禮本爲有財者制有則送之無則致哀而已不當求求
則皇皇傷孝子心蓋通於下何休云云爾者嫌天子財多
不當求下財少可求故明皆不當求鄭引此者見王於諸
侯諸臣有歸賻爾諸侯諸臣亦不得求也顏路請子之車
孔子不與亦是不
合求故抑之也 大喪小喪掌小官之戒令帥
執事而治之 釋曰其小官士以下則此 注大喪王后
宰夫戒令諸官有事者也 世子也小
喪夫人以下小官士也其大官則冢宰掌其戒令治謂共
辦 釋曰大宰云大喪贊贈玉含玉宗伯云朝覲會同則
爲上相大喪亦如之鬯人鬱人俱云大喪之渳典瑞云大
喪共飯玉含玉彼皆據喪雖司寇云大喪前王以爲嗣王
皆不爲后世子喪者彼皆不對小喪此大喪對小喪亦王
所申服故注爲王后世子也此不言庶子文不具云小官
士也者宰夫下大夫所掌而言小官明是士可知云其大
官則冢宰掌其戒令者冢宰不言者文不具云治謂共辦

者謂當職㕣共者供辦之三公六卿之喪與職喪帥官有司而治之凡諸大夫之喪使其旅帥有司而治之注旅宗小宰下士　釋曰三公六卿喪尊故宰夫與春官職喪帥其於喪家有事官有司而治之治之亦謂共辦之大夫之喪卑宰夫不自為使在己之下其旅三十有二人帥有事於喪家之有司而治之治之亦謂共辦之也

歲終則令羣吏正歲會月終則令正月要旬終則令正日成而以考其治治不以時舉者以告而誅之釋曰言周之歲終十二月則令羣吏羣吏則六十官正歲會正猶定也謂一年會計文書捴句考之歲計曰會也月終則令正月要者謂每月終則令羣吏正其月要月要謂月計曰要也旬終謂每旬

終則令羣吏正其日成日成謂日計曰成也云而以攷其
治者言會要成摠考之云治不以時舉者謂文書稽滯者
故鄭云違時令失期會也云以告
而誅之者謂告冢宰而誅責之也
注
歲終自周季冬正猶
定也旬十日也治不
時舉者謂違時令失期會　釋曰知歲終是周之季冬者
以其正月之吉始和彼正月是周之正月始和布治于天
下至令歲終考之是一歲之終故知非夏之歲終也云正
猶定者以其文書定乃可攷之故爲定也云旬十日也者
上文云前期十日少牢云旬有一
日旬與十日正同故知旬十日也

正歲則以灋警戒羣吏令脩宮中之職事

注警勑戒之言鄭司農
云正歲之正月以法戒
勑羣吏　釋曰正歲乃夏之正月是其歲始故
以法警戒羣吏令脩宮中之職事以謹勑之也

書其能者與其良者而以告于上

釋曰上云令脩宮中之
職事則此謂宮中諸吏

也正歲之正月則豫選注良猶善也上謂小宰大宰也鄭
之擬至歲終當舉之也司農云若今時舉孝廉賢良方
正茂才異等　釋曰知上是小宰大宰者以其承上又歲
始未是賞時且長自告于王知上非王是小宰大宰先鄭
云若今舉孝廉者謂孝弟廉絜賢良即經中良者謂有賢
行而良善也云方正者人雖無別行而有方幅正直者也
云茂才者漢光武諱秀時號爲茂才即經云能者也云異
等者四科不同等級各異故云異等此經據宮中子弟先
鄭所云不要宮中之人引之況義耳

宮正掌王宮之戒令糾禁注糾猶割也察也釋曰案下經王宮中有官府故掌王宮之戒令之事有過失者已發則糾而割察之其未發則禁之也以時比宮中之官府次舍之衆寡釋曰以四時校比宮中見任在王宮中者之官府及宿衞

者次舍之時四時比校次其人之在否官府之在宮中
衆寡也注者若膳夫王府內宰內史之屬次諸吏直宿
若今部署諸廬者舍其所居寺　釋曰此時是尋常事故
爲四時解之案地官鄉師云以歲時巡國及野而賙萬民
之囏阨鄭彼注時隨其事之時不爲四時解者彼據囏阨
非常故爲隨其事之時不得爲四時也云官府之在宮中
者若膳夫王府等者以其言在宮中之官府是執掌重事
美物及飲食乃得在王宮故知是此人等云次諸吏直宿
若今時部署諸廬者此次謂若匠人云外有九室九卿治
之即詩云適子之館兮鄭云卿士所之之館在天子之宮
中如今部署諸廬彼二者與此次爲一物此據宮中之官
府下宮伯云授八次八舍鄭注衛王宮者彼據宮中宮府
子弟云舍其所居寺者寺
即舍也是官府退息之處爲之版以待釋曰版謂宿衛人名籍謂宮正
執籍校注鄭司農云爲官府次舍之版圖也待待比也玄
比之也注謂版其人之名籍待待戒令及比　釋曰先鄭

以版爲官府次舍之版圖者先鄭於入成注云版名籍圖
地圖此注連言圖其版即名籍與後鄭義同後鄭以爲人
名籍者增成
先鄭義也

夕擊柝而比之

釋曰既得名籍至夕暮擊
柝校比之恐其懈惰也

注 夕莫也莫行夜以比直宿者爲其有解惰離部署鄭司
農云柝戒守者所擊也易曰重門擊柝以待暴客春秋
傳曰魯擊柝聞於邾 釋曰後鄭云莫行夜以比直宿者
謂直宿即坐持更之人則行夜者擊柝校比直宿人故先
鄭云柝戒守者所擊也易曰者是易繫辭文彼又云蓋取
諸像鄭玄注云豫坤下震上九四體震又互體有艮艮爲
門震曰所出亦爲門重門象艮又爲手巽爻也應在四皆
木也手持二木也手持二木以相敲是爲擊柝擊柝爲守
備警戒也四又互體爲次次爲盜五離爻爲甲胄戈兵盜
諸持戈兵是暴客也又以其卦爲豫有守備則不可自逸
是也云春秋傳曰者左氏哀七年秋魯伐邾茅成子請告
于吳不許曰魯擊柝聞於邾吳二千里不三月不至何夜

於我引之諮擊柝之義也

國有故則令宿其比亦如之

釋曰有故有災禍及王時出行不在皆是也云則令宿其比亦如之者亦如上夕擊柝已上之事與平常同也注鄭司農云故謂禍災令宿宿衛王宮春秋傳曰忘守必危況有災乎玄謂故凡非常也文王世子曰公有出疆之政庶子以公族之無事者守於公宮正室守大廟諸父守貴宮貴室諸子諸孫守下宮下室此謂諸侯也王之庶子職掌國子之倅國有大事則帥國子而致於大子唯所用之者令宿之事蓋亦存焉　釋曰先鄭引春秋傳者左氏昭十八年夏五月宋衛陳鄭災子產授兵登陴子大叔曰晉無乃討乎子產曰小國忘守則危況有災乎彼爲則先鄭云必讀字不同也玄謂故凡非常也文王世子曰公有出疆之政者謂出朝覲也云庶子以公族之無事者守於公宮者此言與下爲目庶子謂諸侯庶子之官掌卿大夫士之適子并掌公家之事云正室守大廟者謂公族之內適子名爲正室使守大

廟大廟尊故也云諸父守貴宮貴室者謂同族諸爲父行
者貴宮貴室同爲路寢路寢對大廟生人之尊也云諸子
諸孫者亦謂同族之内諸爲子行孫行者也云守下宮下
室者下宮謂親廟四下室謂燕寢也云此謂諸侯也者謂
文王世子文是諸侯法也云王之庶子職掌國子之倅巳
下者是夏官諸子職文云庶子者諸庶一也於諸侯即爲
庶子於天子則爲諸子今因諸侯言庶子其實夏官所云
是諸子職也彼鄭注倅謂副倅之倅國子謂諸侯卿大夫
士之子也云國有大事則帥國子而致於大子唯所用之
者彼云大事寇戎之事卿大夫士之子屬大子故唯大子
所使用也彼是甲兵不云宿衛故鄭云令宿之事蓋亦存
焉存焉者宿衛之事亦在唯所用中引之者欲見國有故
中有王出疆巡守征伐皆須令宿增成先鄭義也

辨外内而時禁注鄭司農云分别外人内人禁其非時出入

釋曰先鄭云分别外人内人禁其非時出入者謂在王宮中有卿大夫士等外人謂男子内

人謂婦女皆是也此男女自相對爲外人內人其
內人非謂內宰職所云內人是刑女在宮中者也 **稽其**
功緒糾其德行 注稽猶考也計也功吏職也緒其志業 釋曰緒業也宮正考計其官中卿大夫
士功狀及職業多少糾察其
在身爲德施之爲行二者也 **幾其出入均其稍食**
注鄭司農云幾其出入若今時宮中有罪禁止不得出亦
不得入及無引籍不得入宮司馬殿門也玄謂幾荷其衣
服持操及疏數者稍食祿稟 釋曰先鄭引今時者謂漢
法言引籍者有門籍及引人乃得出入也又云司馬殿門
者漢宮殿門每門皆使司馬一人守門比千石皆號司馬殿
門也玄謂幾呵其衣服持操及疏數者案閽人云喪服凶
器不入宮潛服賊器不入宮奇服怪民不入宮司門云幾
出入不物者謂衣服視占不與衆同及所操物不如品式
者職雖不同皆是守禁此經直云幾其出入明知兼有此
呵其衣服持操及疏數此增成司農義也云稍食祿稟者

言稍則稍稍與之則月俸是也則下士九人中士倍下士上士倍中士大夫倍上士之類其禄與之米稟故云禄稟也

去其淫怠與其奇衺之民　注民宮中吏之家人也淫放濫也怠解慢也奇衺譎觚非常　釋曰此一經並是吏之民云淫放濫也怠解慢也爲此惡行也云民宮中吏之家人也者吏即宮在宮中卿大夫士其家人爲此惡行也者使之不爲即是去也此民謂若秋官隸民之類云奇衺譎觚非常者兵書有譎觚之人謂譎詐奸出觚角非常也

會其什伍而教之道藝　注五人爲伍二伍爲什會之者使之輩作輩學相勸帥且寄宿衛之令鄭司農云道謂先王所以教道民者藝謂禮樂射御書數　釋曰官正掌宮中卿大夫士亦兼掌子弟會謂會合其宮中子弟使之以五人爲伍二伍爲什必會合之者欲使之宿衛時語言相體服容相識是其輩作也及其學問又相親及切瑳琢磨是其輩學揔是相勸帥也

云且寄宿衛之令者管子云因内政寄軍令在家時五家爲比在軍還五人爲伍之類此亦五人爲伍二伍爲什使之輩學似若在家也因使之宿衛似寄軍令也先鄭云道謂先王所以教道民者謂若保氏云掌養國子以道而教之六藝道則師氏三德三行也藝謂禮樂射御書數亦保氏職文也

月終則會其稍食

歲終則會其行事 注行事吏職也 釋曰稍食謂宫中官府等月禄故至月終會計之歲終則會計行事吏職當考知功過也

凡邦之大事令于王宫之官府次舍無去守而聽政令 注使居其處待所爲 釋曰邦有大事謂國之大事在祀與戎則令于王宫之官府次舍無去守謂使之皆在次舍不得去部所守而聽待政令須有所爲

春秋以木鐸脩火禁 釋曰春謂季春秋謂季秋二時火星出入之時以木鐸警衆使

脩火**注**火星以春出以秋入因天時而以戒　釋曰火星禁也則心星也公羊謂之大辰服注春秋云火出於夏爲三月於商爲四月於周爲五月故云以春出也季秋昬時伏於戌火星入故云以秋入云因天時而以戒者此火謂陶冶鑄錮之火因天出火民則爲之因天内火民則休之故云因天時戒之也此施火謂官正於宫中特宜慎火故脩火禁夏官司爟云掌行火之政令四時變國火以救時疾下又云時則施火令爲焚萊之時故脩火禁也秋官司烜云中春以木鐸脩火禁于國中注云爲季春將出火也火禁謂用火之處及備風燥是二月預脩之三月重掌事各有所爲不相妨也

凡邦之事蹕宫中廟中則執燭　釋曰凡邦之事謂祭祀之事王當出入來往時隷僕與王蹕止行人於宫中及廟中也王出向二處當侵晨而行爾時則宫正爲王執燭爲明也

注鄭司農讀火絶之云禁凡國之事蹕國有事王當出則宫正王禁絶行者若今時衛

士塡街蹕也宮中廟中則執燭宮正主爲王於宮中廟中執燭玄謂事祭事也邦之祭社稷七祀於宮中祭先公先王於廟中隸僕掌蹕止行者宮正則執燭以爲明春秋傳曰有大事於大廟又曰有事於武宮 釋曰先鄭讀火絕之則火字向上爲句也其禁自與凡邦之事蹕共爲一句宮正既不掌蹕事若如先鄭所讀則似宮正爲王蹕非也云宮中廟中則執燭者若不以邦之事與凡宮中爲一事則宮中廟中何爲事而遣宮正執燭乎亦非也又云若今時衛士塡街蹕也者漢儀大駕行幸使衛士塡塞街巷以止行人備非常也玄謂事祭事也者謂在宮中廟中二處皆有祭事也云邦之祭社稷七祀於宮中者小宗伯云左宗廟右社稷在宮中中門之外也依祭法王爲羣姓立七祀曰司命曰中霤曰國行曰國門曰泰厲曰戶曰竈案司門云凡歲時之門受其餘則此七祀等是爲羣姓所立者不在宮中也祭法又云王自爲立七祀者此則禱祀在宮中者也云春秋傳曰有大事于大廟者左氏文二年秋八月

丁卯大事于大廟是也云又曰有事于武宮者昭十五年
春二月癸酉有事于武宮鄭引此者欲見隷僕蹕于宮中
亦得兼廟中故公羊云魯公稱世室
群公稱宮則天子之廟亦有宮稱也　大喪則授廬舍
辨其親疏貴賤之居　釋曰大喪謂王喪臣子皆爲之斬衰則同廬舍所居則
異也云授廬舍者揔諸臣而
辨其親疏貴賤之居異也　注　廬倚廬也舍堊室也親者貴者居倚廬疏者賤者居
堊室雜記曰大夫居廬士居堊室　釋曰廬倚廬也者謂
於路門之外東壁倚木爲廬云舍堊室也者舍對廬故爲
堊室堊室者兩下爲之與廬異故名堊室也云親者貴者
居倚廬者親謂大功已上貴謂大夫已上者居倚廬云疏
者賤者居堊室者疏謂小功緦麻賤謂士二者居堊室知
義如此者以其經云辨其親疏貴賤明當如此解之也又
引雜記者彼是諸侯之臣其大夫居廬士居堊室彼注士
舍堊室亦謂邑宰也朝廷之士亦居廬引之者證貴者居

廬賤若居堊室一邊之義耳其實彼諸侯禮不
辨親疏貴賤而別其遠近並爲天子之臣也

宮伯掌王宮之士庶子凡在版者 釋曰宮伯掌王宮中卿大
夫之適子庶子士之適子也凡在 **注** 鄭司農云庶子宿衛
版者子弟皆有名籍以擬校比也 之官版名籍也以版
爲之今時鄉戶籍謂之戶版玄謂王宮之士謂王宮中諸
吏之適子也庶子其支庶也 釋曰鄭司農云庶子宿衛
之官謂若夏官諸子職後鄭不從者彼諸子是下大夫此
宮伯中士不合掌之故不從也玄謂王宮之士謂宮中諸
吏之適子也者吏謂卿大夫士之揔號云庶子其支庶也
者以其宮正掌宮中官府宮伯掌其子弟故也案大司馬
云王弔勞其士庶子文與此同鄭彼注云弔其死者勞其
傷者庶子卿大夫之子從軍者彼士爲卿大夫士庶子爲
卿大夫之子則兼適庶與此不同者彼更無弔勞卿大夫
士身故上爲卿大夫庶子中兼適庶是鄭望文以爲義故

注與此不同也掌其政令行其秩叙作其徒役之事注秩祿稟也叙才等也作徒役之事大子所用 釋曰宮伯既掌士庶子所以有政令盡掌之也行其秩叙者秩謂依班秩受祿叙者才藝高下爲次第以作其徒役者士庶子屬大子隨其所用使役之也授八次八舍之職事注衛王宮者必居四角四中於徼候便也鄭司農云庶子衛王宮在内爲次在外爲舍玄謂次其宿衛所在舍其休沐之處 釋曰言衛王宮者必居四角四中者以其言八似若八方爲四方四維然以四角門中解之必於八所以爲次舍者相徼察來往候望皆便故次舍皆八也司農云庶子衛王宮在内爲次在外爲舍者庶子義上已破訖先鄭意内次外舍有所隔絶故後鄭不從也玄謂次其宿衛所在者謂宿衛之處稍在前爲之館也舍者若掌舍之舍亦舍息休止之處故鄭爲休沐之處也若邦有大事作宮

衆則令之注謂王宮之士庶子於邦有大事或選當行釋曰事亦謂寇戎之事作起也謂起宮中之衆使士庶子行則宮伯戒令之月終則均秩歲終則均敘以時頒其衣裘掌其誅賞釋曰月終則均其秩秩祿稟則與宮正均稍食亦一也歲終則均敘與宮正則異彼宮中官府故會其行事此其子弟故均其敘敘即上注才等也以時頒其衣裘夏時班衣冬時班裘掌其誅賞者士庶子有功則賞之有罪即誅之也注頒讀爲班班布也衣裘若今賦冬夏衣釋曰賦班也班之與賦皆賜授之義

周禮疏卷第三